邓伟志口述

徐有威撰稿

邓伟志口述历史

ORAL HISTORY

上海市文史研究馆口述历史丛书

上海书店出版社
SHANGHAI BOOKSTORE PUBLISHING HOUSE

邓伟志

邓伟志，当代著名社会学家，民进第七、八、九届中央副主席，第九、第十届全国政协常委，上海市文史研究馆馆员。本书为其近六十年治学立论、作师育人、服务社会和参政议政的历史回顾。不仅以当事人身份，为社会学的重建与兴盛、中国大百科全书与年鉴事业的创始、"人体特异功能"的证伪、"邓氏三论"的毁誉、倡建妇女学的争议、"邓伟志信箱"的风波等一系列现代学术文化史上的重要事件，提供了最具权威性的第一手资料，而且能使读者借助他在烽火岁月、十年动乱、思想解放、改革年代和新时期等历史波澜中的阅世交游与回顾思考，对一波波时代大潮的激荡涡漩与世事人心的纷纭复杂，获得形象具体的观照。其特色尤在条理清晰，叙事生动，时有妙语隽言，拨动人心。

编撰说明

上海市文史研究馆成立于1953年6月，首任馆长张元济先生由毛泽东主席提名、时任上海市市长陈毅亲聘。建馆六十余年来，上海市文史研究馆由历任市长共延聘近1 200名馆员。馆员专业遍及文化历史、金石书画、新闻出版、教育学术、戏剧电影、传统医学、传统体育等多个领域，多以深邃造诣、杰出成就和一定的社会影响，成为专业翘楚乃至具有代表性的知名之士。他们在人生和事业道路上所经历蕴积的波澜起伏、经验见识和丰富阅历，是具有多重价值的宝贵的人文历史资源。

为了充分发掘文史馆馆员群体所特有的珍贵而丰厚的人文历史资源，保存历史记忆，记录时代风云，推动口述历史研究工作，上海市文史研究馆于2013年7月正式成立上海市文史研究馆口述历史研究中心。著名历史学家、上海市文史研究馆馆员姜义华和熊月之先生联袂担任中心主任。中心成立后，即聘请沪上学有专长的十位文史学者担任特聘研究员，启动上海市文史研究馆口述历史丛书（以下简称丛书）编撰项目。为了保证丛书的整体质量，在广泛征求各方面意见后，确定以下编撰原则：

一、丛书主要以上海市文史研究馆馆员、同时适当选取符合要求的馆外人士为访谈对象（即口述者）。

二、丛书恪守口述历史征集途经和开展过程的规范性。凡列选书目，概由口述历史研究中心先根据相关原则选取访谈对象。征得同意后，由口述历史研究中心约聘的撰稿人拟定采访提纲，经中心审议和口述者认同后付诸实施。访谈结束后，由撰稿人在文字笔录对比录音、影像的基础上整理成文，最终由口述者本人修订定稿。

三、丛书注重口述历史区别于一般"自传"或"回忆录"的独特性。访谈范围涉及口述者家世、经历、事业、交往、见闻等多个方面，尤其重视本人在场或参与之所历、所见、所闻、所传、所思，具有历史价值却缺乏文字资料的内容。

四、丛书本着客观的态度保存口述者的记忆。由于认识水平和记忆偏差，其内容可能与事实有出入。撰稿人应对口述中出现的人、地、物名及时、空、事件等进行必要的核对，尽量减少常识性错误，必要时可加以注释论证，亦可视具体情况在正文后面附录口述者活动年表等相关资料。

五、丛书在整理成稿并交付出版时，除了部分内容因涉及敏感暂不公开，或不得已而有所技术处理外，应努力保持资料原貌，切忌依据主观价值标准任意删除或更改，以此体现对口述者、对口述历史的尊重，同时也给口述资料的使用者保留可供继续解读和分析考证的空间。

六、丛书按照以图辅文、以图证史的原则向口述者征集和选用图片，包括照片、书信、手稿、字画、实物摄影等各种形式的图像资料，基本要求是：图片题材应该与口述内容直接关联，图片质量应该达到刊用水准，图片说明应该以新闻报道原则来撰述，时间、地点、人物、主题，基本齐全。

我们热忱希望丛书的编撰出版能拓展史料搜集的范围，能丰富读者对历史的认知，也衷心希望大家对我们编撰工作中存在的疏漏或差错，不吝批评指正，以利于口述历史的健康发展。

上海市文史研究馆
2015年6月

目 录

编撰说明 …… 1

一、把话说在前头 …… 1
二、动荡的童年生活 …… 3
三、学习室的几个意外收获 …… 7
四、我珍藏的一本出版而不公开的好书 …… 12
五、文风在采风中改进 …… 14
六、在华东局学习"吃透两头" …… 19
七、住在宋庆龄寓所旁边 …… 25
八、你抓革命我促生产 …… 28
九、芦苇荡里"斗、批、'走'" …… 39
十、在百余家工厂企业劳动 …… 46
十一、顶替小朱进了自然科学 …… 56
十二、忆杨振宁第一次回国 …… 61
十三、沿着铁索桥走向民族理论 …… 64

十四、无报不转载的短命文章 …… 73

十五、百科十年故事多 …… 79

十六、中国年鉴事业的初创 …… 88

十七、内参逼着我去找"姑姑" …… 92

十八、"窝窝头"进了社会学 …… 101

十九、"耳朵认字"的风波 …… 106

二十、大题小做也惹麻烦 …… 112

二十一、"邓氏三论"的插曲 …… 116

二十二、"妇女学"提出之烦恼 …… 121

二十三、引人乱猜的《马克思主义的"突破"》…… 126

二十四、谁搭台？谁唱戏？ …… 131

二十五、享誉毁誉发生在同一天 …… 140

二十六、得了奖而不上台领奖的《邓伟志信箱》…… 146

二十七、"人和"引发了不和 …… 151

二十八、提出"德治"后的拔高 …… 154

二十九、《不创新毋宁死》的遭遇战 …… 157

三十、用社会学的显微镜观察社会 …… 160

三十一、在议政中摸爬滚打 …… 170

三十二、在评先进中学先进 …… 177

附录一：邓伟志学术年表 …… 187

附录二：邓伟志编著目录 …… 200

后记 …… 203

一、把话说在前头

老汉我今年七十七，出生于1938年，但不是"三八式"老革命。我真正从事学术还是从大学毕业以后的1960年开始的，迄今有半个多世纪。要把这半个多世纪的事情说清楚，早些年还马马虎虎，现在记忆力每况愈下。就是早些年，由于我厉行"没有忘记就没有记忆"，有意把一些事情变成瞬时记忆，当作过眼烟云，过后不再思量，当时就抛到九霄云外。可是当时认为应该忘记的，未必就应该忘记，今天看也许应该记住，悔之晚矣！

那就来个"亡羊补牢"吧！

在这次口述中，我力求言之有据。如果"据"有不实、不丰之处，欢迎读者诸君指出。

在这次口述中，我力求言之有理。如果"理"有不确、不足之处，欢迎读者诸君指谬。

在这次口述中，我力求言之有情。我说过：我的直接领导（不含间接，间接太多），即顶头上司和同事都有恩于我，有教于我。如果我在口述中有无情之处，欢迎指出来，我立即纠正。

在这次口述中，我力求言之有趣。不管怎么说，活到这把年纪经历的事情不会少。可是在口述时总不能眉毛胡子一把抓，要有所选择。差不多同样两件事，如果只能取其一，我是力求选择有趣的。目的是让读者看了不乏味，少打几分钟瞌睡。如果读者朋友看了仍觉趣味性不够，也欢迎指点，但是就不请诸位补充具体材料了，因为多数读者不了解我这无名小卒。当然，少数同我有过接触的朋友，如果你们想起那些有趣的故事，仍盼不吝赐教。

再一点，我想跟徐有威教授(本书撰稿人)商量一下，这本口述史是不是紧扣着"匍匐前进"四个字来说来写为好。我欣赏这四个字的理由是：第一，取其接地气的意思。我从小生活在豫皖苏边区，见到过南瓜秧、西瓜秧匍匐在地，枝繁而不遮天，叶茂而不蔽日，葱郁而不争艳，实实在在地贴在地上开花，贴在地上结果。建国前，作为我们冬春两季主食的地瓜，上海人叫"山芋"，匍匐在地，一般不开花，扎根在泥土里。它的根就是香甜的果实。刘勰在《文心雕龙·物色》篇中写道："山林皋壤，实文思之奥府。"做学问一定要接地气，近水边，不能搞空中楼阁，不能脱离实际。第二，取其脚手并用的意思。宋代理学家朱熹说："匍匐，手足并行也。"1958年暑期，我参加军事夏令营，受过"匍匐前进"的训练。做学问也必须使出浑身解数，调查、借书、求教该用脚跑的就用脚跑，脚上磨出泡来也得坚持不懈地跑；记笔记、写文章，手累得酸痛也得继续写，要像歌唱家"曲不离口"那样，笔不离手。完整地说，我春夏秋冬，周而复始的是"十部曲"："读书——求教——调查——放眼——思考——看透——勤写——传播——呼吁——担当——从零开始"。我手中这笔，有大处落墨时，也有小处着手时，大量的是小处着手。有大江东去，也有小桥流水，大多是小桥流水。大小结合，类似脚手并用也。第三，多少有点消极了，那就是取其前进的速度很慢的意思。我这个人进步慢得如匍匐。人生道路崎岖、坎坷，大错小错都犯过，犯过真错，也犯过假错。何谓假错？那就是有些学术观点，你认为错，他认为不错，先认为错，后来又认为不错。当然，也有当时认为不错，后来认为错了的，再后来又认为不错的。话又说回来，在我身上有没有今天认为不错的，明天会认为错了呢？难说……。如果在学术上碰了钉子，一要重视，二要藐视。如果碰上了大钉子，那也大不了像张可久所写的元曲《卖花声》里的一句话："读书人一声长叹。"

末了，我对上海市文史研究馆给我提供如此宝贵的口述机会表示感谢！让我一吐为快。口述出来比带到棺材里去要好。我还要对徐有威教授不畏严寒酷暑，风尘仆仆地录音，然后加工整理，表示谢意！

二、动荡的童年生活

生于"兵家必争之地"

现在世界上有不少"无家可归"者。我不是"无家可归"者,可我在幼年和童年时,是"有家难归"者。我出生在国民党放弃徐州,家乡沦陷之后,出生于蒋介石下令炸开花园口,家乡成为黄泛区那一年。陇海路、津浦路都穿越我的家乡江苏萧县(萧县旧属江苏,1955年后归安徽)。因此,我的家乡历来是兵家必争之地。

我父亲早年参加革命。在我记事后,我就知道我的家乡为国共两党的"拉锯区"。什么是"拉锯区"?那就是忽而为共产党领导,忽而受国民党反动派统治。有时候,甚至是昨天为共产党领导,今天就被国民党反动派统治,白天为国民党反动派统治,黑夜为共产党领导。抗战胜利后,国民党反动派表面上搞重庆谈判,可在我的家乡国民党突然、悍然发动了尚口战役。因为共产党事前没有准备,吃了大亏。我父亲连给家里打招呼的时间都没有,便随部队西撤了。

我家所在的薛庄属一区,离县城近,乡、区、县称我们"匪属",三天两头封门,抄家,训话,派差事,管得紧。我们便向西南逃。当时我们那里名义上属豫皖苏区党委领导,具体地说,属豫皖苏下属的萧宿永专署(代号是三专署还是八专署我说不清楚)领导。萧县当时属江苏,宿县属安徽,永城县属河南省。萧宿永专署跨三个大省,位于三个省的结合部。在我的记忆中,仅仅是这三个县,也就是三个省,我们起码住过十几个村庄。有次还住过山东的单县。所好的是,在豫皖苏一带共产党的群众基础比较好,正规部队撤走了,地下党还在。地下党会照顾我们。群众能看得出谁是地下党也不会向国民党举报,而且是仍然听地下党的安排,支持地下党的工作。"得道多助",就是那个年代共产党人的写照。那时遍地是好人,不管走到哪里,都有贵人相助,都有高人指点。就是大地主,他们也会因为立足在"拉锯区",不得不给自己留条后路,也不太欺负共产党的家属。

群众是"母亲"

前些年人们说的"老九不能走"是指"九儒十丐"的"儒",即知识分子不能走。在我们家乡沦陷后,老百姓所讲的"老九不能走"是指的新四军四师下属的由张爱萍任旅长、韦国清任政委的九旅"不能走"。九旅在,百姓有依靠,能睡个安稳觉;九旅一走,兵荒马乱,民不聊生。抗日时期九旅在我们家乡深受百姓拥戴,抗战胜利后,拥戴过九旅的百姓把他们那份对九旅的"感情"转化为对抗属的关爱。九旅没有了,九旅在百姓中扎下的根还在。除了九旅,还有新四军四师下属的萧县独立旅,在我们家乡播下的革命良种继续在发芽。我大舅纵翰民是独立旅旅长,他和他的部下对我们的教育那就更多了。

我至今还记得,在我们逃难中遇到好人的几个故事。

在一个山坡下有个集镇,南头有个交叉路口,一位老大娘天天在那里摆个花生摊,卖花生。我每次见到她,她总要把我从母亲身边拉开,抱抱我,说是喜欢我,抓把花生给我吃。我母亲也只认为她是好心人,不知道别的。1948年底我们家乡一解放,她就当上了区妇女主任。后来知道她是地下党的交通员,来来往往的人都要在她眼皮底下,从她花生摊旁边经过。

还有一次,我们逃到一个大村庄,住在地主大院隔壁,受到地主家雇用的长工田叔叔的关照。更让人想不到的是地主竟然支持他关照我们一家。只是到我们离开的时候,田叔叔才说了一句,他见过我父亲,没说是朋友。哪知,没过多少日子,豫皖苏区党委派人牵了匹高头大马把他接走了,说是到哪里当县委书记去了。长工成了大领导,众所周知不识字的人居然早年读过很多书。这位传奇式的人物后来去了哪里,我们不知道。很久以后才晓得那长工田叔叔就是上海解放后嵩山区、邑庙区的田启松区长。再过了好久，我见到了时任上海市委农村工作部副部长的田启松叔叔，他才跟我讲起他那传奇的过去。

还有一次逃难更加离奇。国民党反动派要对我们下毒手，限期要我母亲把我父亲找回来投降，不找回来就杀掉我们当儿女的。敌人还设了封锁线，要逃也逃不出，只有在家等死。就在走投无路时，曾任国民党的一大代表、江苏省法院院长的刘汉川（字云昭）要娶侄媳，刘汉川的儿媳即大画家李可染的妻妹出了个点子：堂弟结婚一定要找一个押轿的，按当地习俗就是派个男孩把新娘子接回来。算命先生和巫婆算来算去都说我的生辰八字最合适，慑于刘汉川的名望，没人阻挡我去押轿。到了新娘家的第一晚，突然来了好几位奶妈即保姆，扑通一声全都跪在了我面前，说："请少爷赏我们几个钱吧！"天哪！我身无分文还不说，连身上的漂亮衣服都是借来的，拿什么赏钱呢？正在我发愣时，一位中年男子把好几块银元撒在了地上。我这才松了口气。又是这中年男子当夜把我转移到我直到今天也说不清楚的一个什么地方，总之是没有回家，逃过了一劫。后来知道，刘汉川是上海地下民革的领导成员。上海解放前夕起义的国民党刘昌义将军，就是刘汉川策动的，早在1948年刘汉川就介绍刘昌义加入了地下民革。

再一次是国民党的大部队来了，一位熟悉的好人带我去一个贫穷的小村庄，估计国民党的部队不会住那里。哪知我们到了那里，国民党的部队也到了。那位好人已无法同老百姓详细说了，只好背着国民党部队在胸前向一位老大娘做了个手势，大拇指和食指朝下拉开，那位大娘看了他的手势，知道那是"八路军"的"八"字，便连忙喊了声"儿子过来"，一把把我拉了过去。我按老规矩，立即称他"娘"。就这样，我就在这个"娘"家里吃住了好几天。像这样的"一日之娘"、一周之娘，我在苏鲁豫皖一带大约有几十位。

就是这些没有血缘关系的母亲从感性认识上帮助我确立了一个朴素的人生观，并进而帮我确立了后来的写作观。这些年，我宁可不讨某些人的喜欢也要为弱势群体呐喊。我认为,如果不承认有弱势群体存在,就很难有为弱势群体服务的迫切性和积极性。我一再地呼吁恢复农会。我之所以被人称为"贫困社会学家",应当说跟我童年时代受过贫苦农民保护的这段经历有关。我永远不会忘记我是唱着"挖掉穷根"的歌儿度过童年的。

寻找"母亲"

2004年春,新华社上海分社组织了一个赴江苏的科学发展观报告团。我年岁大,新华社首先叫我在江苏各个城市中挑选。我选择了宿迁市。不仅新华社对我选宿迁觉得奇怪,而且连宿迁市的领导也觉得意想不到。他们提出后,我便在报告中加进了一段我选择宿迁的动机:是来寻找"母亲"的,是来寻找恩人的。

大概是我出生不久,在我大舅任过中共宿迁中心县委书记的地方,有次急行军,我成了累赘。为顾全大局,父亲母亲含泪把我扔在了宿迁的一个十字路口。一个月后,共产党又打回来了。母亲自然会想到、并与别人谈起她扔掉的这个儿子是否还活着。喜出望外,话没落音,一个老大娘把我交到了母亲手中。中国人一贯主张"滴水之恩涌泉相报"。宿迁"母亲"于我的恩情远不是滴水,而是乳汁,是她把应当给自己儿子吃的乳汁,让我来吸吮。这份大恩厚恩我怎能不报呢?我决心到宿迁找到这位好心的母亲。我在几百人的大会上讲了以后,我几乎天天盼着有"母亲"的消息传来。毕竟是几十年前的事了,我没等来喜讯。

宿迁的农民、苏鲁豫皖的农民是中国农民的一部分。我没能报答宿迁农民、苏鲁豫皖农民的养育之恩,也更加激励我要把报效工农、报效中华民族的赤诚之心,化为我今天学术研究的目的和动力。一直生活在实践中的群众,既是理论的源泉,也是鉴定理论成果的高评委。在这一点上,我矢志不移,坚持不懈,直到2014年5月25日,我还发表了一篇题为《基层是智力库,群众是思想谷》的文章。

三、学习室的几个意外收获

毕业论文意想不到地发表在《学术月刊》上

我是1960年从上海社科院经济系本科毕业的。一提"1960"大家就会知道,在那年代我们是"一切听从祖国召唤"。1960年3月下旬,我在毕业志愿表上写了首打油诗,表达了自己"哪里需要那里去"的心愿。不料,3月30日上午我正在教室里上课,年级党小组长把我从教室里叫出去,指引我登上了学校的解放牌的大客车。车上大约有三十多人,有老师,有同学。去哪里?我不问,看得出是好事就是了。不一会,车子开进了延安西路33号市委大院后门,走进了市委宣传部的会议室。市委宣传部副部长兼社科院院长杨永直进来,宣布社科院成立两个室,一个是学术情报室,再一个是毛主席著作学习室。随后就宣布了名单,学习室好像是十九人。我被分配在毛主席著作学习室。

毛主席著作学习室的主任由社科院副院长庞季云兼任。他是1958年从中宣部下放到中科院上海经济研究所的。他本是胡乔木的秘书、中宣部理论处副处长(于光远任处长)。大家对他都很敬重。

有一天,庞季云同志找我谈话,问我毕业论文写的什么。我说:是写的人民内部矛盾。庞季云要我送他看看。我就誊写了一份送他。6月初,我们到南汇航头参加夏收夏种。休息时,忽然有人把1960年6月10日的《解放日报》塞到我手里,说:"大作发表,旗开得胜。"我看了《解放日报》上的《学术月刊》第6期目录,简直是无地自容,这是我做梦也不敢想的。从航头回到室里,《学术月刊》还没有发行,几个人说起这件事。庞院长说是他推荐的,因为6月正是毛泽东《关于正确处理人民内部矛盾》发表三周年，需要这样的文章。他又说："我在你的文章上就加了一句，还不知道编辑会不会把这句话删掉？"我深为庞院长提携后人的精神所感动。没有他的推荐，我那文章是不可能发表的。再就是，他能在我文章上加进文字，是我莫大的荣幸。他却留有余地，谦虚地说："编辑会不会把我加的那句话删掉？"他这句话对我一辈子起作用。几十年来，每当我对我的学生讲文章时，都会忆起庞院长对我说过的这句话。我不敢把我对学生的批评绝对化。

事过境迁，今天看来我那文章充满了"左"的字眼，当时看是旗开得胜，后来看是马失前蹄。这就是我治学的起点。

毛选四卷怎么少了一篇？

学习室的主要任务是迎接毛选四卷出版。可是，毛选四卷有哪些篇章，谁也不知道具体的，连有条件通天的庞院长也毫无所知，只晓得一个时间段：解放战争时期。于是，庞院长就叫冉兆晴、强远淦带领我自编《解放战争时期毛泽东同志的著作》。好在院党委书记李培南是红大、抗大教员，多次听过毛主席讲课。尽管解放战争时期他到了山东，但也知道很多中央的情况。院长杨永直是《解放日报》和晋察冀《人民日报》编辑，也知道哪些社论是毛主席写的。庞院长也在中央研究室工作过，毛泽东、朱德都对他有书面批示。他们都会不断地提示、提醒我们。为了编得好一些，还从市委党校（当时好像称"中级党校"）请了两位党史教师坐镇指点。庞院长安排我翻阅延安《解放日报》、重庆《新华日报》、晋察冀的《人民日报》，指示我把署名"毛泽东"的要收入，没署名"毛泽东"的、认为有价值的也要收入，并且写出文章背景。到了6月（也有可能是5月），聂荣臻元帅来上海同柯庆施讨论研制导弹问题，并且带来了一个《毛泽东选集》第四卷的目录。拿来一对比，方知我们漏编好多。接下去，我们就按聂荣臻的目录继续搜集。9月中下旬，学习室先拿到一本绝密的《毛泽东选集》第四卷的样书。十几个人轮流看，上海有家的同事白天看，我们住集体宿舍的单身汉夜里看。10月1日起，全国开始发行。庞季云分配我一项任务：对照原文改在新书上，看看有哪些修改。因为在对照时会出错，改得较乱，我便把勾勾划划比较乱的一本留给自己，誊清无错的呈送庞季云。我这一本一直到今天还保存着，有时翻翻，对于为什么这样修改都会悟出点新想法。

在对照中，我发现正式出版的《毛泽东选集》第四卷比聂荣臻的目录少了一篇《蒋介石李宗仁优劣论》。为什么单单抽掉了这一篇？这个问号，我默默地藏在心底，莫非不是毛泽东写的？直到1964年我跟随华东局第二书记曾希圣搞"四清"，不知怎么我向他提出了这个问题。他说："这还不容易理解吗？李宗仁在同我们拉关系呗！"我恍然大悟。几个月后，李宗仁到了北京。想不到这天大的秘密让我提前晓得了。

张锡媛是谁？

学习室成立时设在瑞金花园，就是现在的瑞金宾馆靠复兴路那一边。瑞金宾馆是过去日本的三井花园，樱花特别多。日本投降后是国民党的励志社。解放后一分为二，中间用竹篱笆隔着。靠永嘉路的那一边，是招待所，听说苏加诺、陈云、江青都在那边住过。靠复兴路这一边，有三幢小洋房，曾是陈毅、饶漱石、谭震林三家在解放初的住处。上海刚解放时，邓小平也在这里住过很短时间，后来他就从这里下西南了。我们学习室住在陈毅住过的、接近瑞金路的那座小洋房里。

在三幢洋房中间，有两处简易平房，一为食堂，二为乒乓球室。在乒乓球室里，有两口很小的棺材：一口写的是苏兆征，还有一口写的是张锡媛。苏兆征人人皆知。张锡媛是谁？没人知道，上海的党史专家不知道，从南京政治学院来学习室交流的专家也不知道。有一天，在议论张锡媛时，我调皮地说："张锡媛是苏兆征的妻子。"庞院长听了，马上批评道："不知道不要瞎说。"我暗自思忖：庞院长批评我瞎说，说不定他是知道的。有一天，庞院长叫我到旧书店仓库里买列宁布尔什维克的大管家波格丹诺夫的书。我花很大工夫买到了，不仅买到了波格丹诺夫的书，而且还买到了一本未署作者姓名的《辩证唯物论》一书。庞院长看了很高兴,同我拉起家常来。

我乘兴问了一句:"张锡瑗是谁?"他顿了顿,说:"是邓小平的第一个妻子。"

两年后,我调到中共中央华东局政治研究室工作。不久,跟随华东局机要局副局长葛非一道下乡。他曾在陈毅、饶漱石身边做机要工作,也在瑞金花园住过。闲聊后知道,我们都在同一个地方见过张锡瑗的棺材。"文革"开始不久,马路上刷出大标语:"强烈要求打开苏兆征棺材,有人在棺材里私藏武器"。我连忙把这条大标语告诉已"靠边"的葛非。他说:"你赶快去看看,还有张锡瑗的……"我到了瑞金花园,老传达告诉我:"已平安转移了,你放心!"我回来就向葛非汇报。

"文革"后,葛非成了市委接待办的负责人。我们都住在吴兴路一幢楼里,他家住三楼,我家住二楼。他做什么工作,我不问,但能猜出三分。他什么时候不回家,我们就知道有要人来了;他能回家了,我们就知道要人走了。有一次,他突然打电话,问我张锡瑗的棺材的事。我说:"只知道安全转移了。不问转到哪里去?"他放下电话,立即通过市委办公厅正式渠道,当天下午就知道早已安葬在龙华烈士陵园了。

葛非知道了下落后,并没有马上告诉我。我仍继续向"文革"后负责清查市民政局并留在民政局当局长的丛局长打听。丛局长说:"'文革'初,有人闹的时候,民政局明明知道邓小平被打倒了,但是张锡瑗是烈士,他们出于正义感,出于对邓小平的尊敬,就悄悄地把张锡瑗的棺材拉到龙华了。"

过了一段时间,葛非才跟我讲了寻找张锡瑗的来龙去脉。

有一天,葛非陪邓小平散步,邓小平忽然问他:"我解放后在上海,花很大功夫找到了张锡瑗的棺材,现在也不知在哪里了?"几个小时后,葛非告诉邓小平:上海市委帮他找到了,安葬在龙华。邓小平便马上吩咐邓榕和秘书第二天各持一支玫瑰花,去了龙华,献给张锡瑗。葛非还特别强调了一下,有人讲是一束花,不是的。邓是按国外的习俗,每人一支。邓榕从龙华回来后,向邓小平说:"很漂亮!"邓小平开心地说:"人比照片上还要漂亮……"逗得大家都笑了。找到张锡瑗墓以后,邓小平一直很兴奋,直到离开上海时,还念念不忘上海帮他找到张锡瑗的事。

我知道上述过程后,也专门找到上世纪30年代初中央机关的大秘书张纪安,他是张锡瑗的上级。为了掩护身份,他与邓小平在上海现在的浙江路合伙开过一个杂货店。我请他谈谈他对张锡瑗的印象,以及患病和安葬的情况。——这可以说是在学习室时的又一"意外"收获。

四、我珍藏的一本出版而不公开的好书

不期而遇

前面我说到我曾"买到了一本未署作者姓名的《辩证唯物论》一书"。买这本书只花了四角人民币。书很薄，总共只有32页，可是分量很重。这是什么书呢？容我慢慢道来。

1960年4月，举国上下都在为纪念列宁九十诞辰而忙碌着。理论界更是责无旁贷。这时，我正在上海社会科学院学习室（全称"毛主席著作学习室"，后改称"研究室"）工作。副院长庞季云叫我去福州路旧书店买苏联学者波格丹诺夫的书。波格丹诺夫既是列宁的"大管家"，又是列宁的"论敌"，他还是政治经济学的奠基人。庞院长想看他的书，便给我开了封介绍信，到旧书店仓库里自己去找不上架的波氏的书。在找到施存统翻译的波氏《经济科学大纲》的同时，看到一本《辩证法唯物论》，里面最后一节是《实践论》。对《实践论》，我虽然没有学好，但就记忆所及，这《实践论》同《毛选》中的《实践论》应该是一样的。可惜书上没有版权页（也许有版权页，为了避人耳目，被书的原主人抽掉了）。我推测这书就是毛泽东1937年在延安抗日军政大学讲授哲学的汇编。翻开封底一看，印着一个"内"字，定价0.4元，工资48.5元的我还能买得起，于是买了回来。

晚上拿给庞院长看时，他对《辩证法唯物论》比对波氏的书更喜欢，叮嘱我："好好保存。"这位上世纪50年代家住中南海的庞院长，建国前在中央东北局工作过。他说，这书有点像大连大众书店翻印的那本。

当时，学习室与哲学书编写组的办公地点同在今天上海的瑞金花园。

我们都知道哲学书编写组负责人李培南(上海社科院党委书记)是延安出名的"小马克思"。现在谁能是红大、抗大学员就很了不起了。李培南从来不是红大、抗大学员，他一直是红大、抗大的教师。他在教育我们时说过，毛泽东曾挥着大汗，每周到抗大讲哲学。我利用午饭前的机会，把《辩证法唯物论》拿给他看。他根据书名、根据书里只有第一、二两章，没有第三章来分析。他说，用《辩证法唯物论》作书名是1942年从新华书店晋察冀分店开始的。可李书记又说："别看你手里这本书纸张不好，那时晋察冀分店连这种纸也少见。"因此，他又说，这本书也可能是抗战胜利后，上海地下党印制的。

书的原主人你在哪里？

要查清版本，最直接的办法是找书的原主人。书上有个名字："张启林"，图章上刻有"启林"二字，还有翻写得很美的"张启林"。可是我这刚从大学毕业，尚未转正的小人物到哪里去找张启林呢？我曾推想：张启林十有八九是进步人士，甚至可能是中共地下党员。

待到"文革"时，我的心情不一样了，不敢再找书的原主人，我把这本书藏得严而又严。因为到处在"抓叛徒"，我受"运动心理"的影响，神经过敏地想到：如果万一张被打成叛徒，我与张是什么关系，那是有十张嘴也说不清的。"文革"后，一直到现在，我千方百计打听张启林的下落。不是他，我怎么会从旧书店里买到这珍本！可是没有任何信息反馈。

几十年来，我既舍不得多翻这发脆的纸张，又不断地对照"毛选"的新老版本，翻阅这本书。有人说中国一度套用苏联模式，可是这本书的最大价值就在于从宏观上批判教条，批判共产国际的瞎指挥，力图摆脱"苏联模式"。也正是这本书，为四十年后的"真理标准"讨论提供了理论武库，今天依然在熠熠生辉。

事物是有联系的。还是毛泽东说得对："一分为二。"还是哲学家说得好：既有一分为二，又有合二为一。

五、文风在采风中改进

我那行不通的"话风"

在当前新闻界的"走、转、改"向纵深发展的日子里，促使我回想起五十三年前，在中共中央华东局农委领导下的一次"走基层"活动。

1961年初，中央准备讨论农村工作。毛泽东在广州召集华东、中南、西南三个大区开"三南会议"；刘少奇在北京召集东北、华北、西北三个大区开"三北会议"。会前以及会议过程中都要及时听取农民和农村基层干部对正在草拟中的《农村人民公社工作条例》（即后来简称的"农村60条"）的意见。于是，中共中央华东局农委主任刘瑞龙、副主任杨谷方便带领一批厅、处、科级干部以及三四个知识分子，组成工作组，于1961年2月28日来到了江苏省常熟县白茆公社。记得江苏省参加工作组的有：省委农村工作部副部长（名字记不清了）、省委宣传部副部长刘子见、苏州地委副书记王春迎（也许不是这个"迎"字）、苏州地委财贸部副部长牟益民、苏州专区副专员兼常熟县委书记隋性初，还有沙洲区委书记。苏州地委书记储江也参加，但是来得不多。

我当时大学毕业不到一年，用流行的说法，我这号人是标准的"三门干部"，出了家门进校门，出了校门进机关门，缺乏实际工作经验。到了白茆以后，我们立即响应号召，与社员，即农民实行了同吃、同住、同劳动。"三同"比"不同"好，可是，"三同"不等于在思想感情上就一定能与农民（当时称"贫下中农"）"同呼吸，共命运"了。"三同"是为"同呼吸，共命运"提供了前提条件，而要真正做到"同呼吸，共命运"还要有一个艰苦的转化过程。要与农民"心往一处想，劲往一处使"，必须与农民交流，通过交流实现交融。

交流的工具是语言。我深感我的语言农民听不进。我一直琢磨是什么原因造成的。是因为我普通话不好吗？有这个原因，但好像不是主要的。是我准备不充分吗？更不是。刚毕业的学生承担直通中央、间接通中央的重要的工作，我是兢兢业业，充分准备的。我选用自以为很恰当的辞藻与农民交谈，可是农民还是不要听。我们到白茆的时候，还处于三年困难时期。我召开会，社员、社队干部没坐多久，他们就说："邓同志，肚皮饿哩！"意思是想散会回家。可是，老同志开会就不一样，社员、社队干部气氛活跃，忘记饥饿。这是怎么回事呢？我向刘瑞龙、杨谷方讲述了心中的苦闷。他们说："正好！白茆是山歌之乡，你抽时间去采采风。"

最生动的语言在劳动人民口里

这一"采"可不得了！

回到驻地，我便问房东老妈妈会不会唱山歌。说实在的，我也只是顺便问一下，并不抱太大希望。不料，她女儿马上回答："俚妈妈很会唱，她是老歌手，我是新歌手。"也许是因为那年月阶级斗争的弦绷得太紧，群众很想冲破这种凝重的空气，没等我邀请，母女俩就对起船歌来。先唱了一首控诉旧社会的，又唱了一首讲罱河泥的。房东老妈妈牙齿掉了两颗，有点漏风，可是嘹亮的歌声从客堂间越过一片紫云英，传到对面小河里正在罱泥的男劳力耳朵里。那男劳力居然扶着罱杆，和了起来。群众对山歌的热情引发了我极大兴趣。原来公社书记万祖祥是歌手，公社秘书芮福民也是歌手。白茆塘两岸无人不会编民歌，无人不会唱民歌。"白茆人民爱山歌，声声句句震山河。""常熟山上有只花升箩，三岁小囡也会唱山歌。"

劳动者生活、战斗在变革自然的最前沿，他们会把自然界的美景吸收在社会交流中，因此语言生动形象，平易近人，富有吸引力、感染力。他们在新旧对比时，不讲抽象的东西。他们说，在旧社会，睡在床上能看到天上的星星，意思是破漏。他们说，在旧社会盖的被子，就是用两只手捂住肚子,意思是没有被子。再比方,他们在批评不久前所刮的"共产风"时,说:"那是龙卷风、羊痫疯。"柯庆施、江渭清从广州会议上传来指示,叫我们听取社员对人民公社核算单位和社队规模的意见,白茆人的回答是:规模要适应农民的生产、生活状况,既然我们的交通是靠"走",通讯是靠"吼",既然我们文化水平低的队干部指挥生产是用"板油账",意思是放在肚子里,而不是记在本子里,那么,生产队的规模就应当是:"'兜得转,看得见,叫得应',也只有这样的规模才能'理得清'。"于是,我们工作组就把白茆人的"兜得转,看得见,叫得应,理得清"十二个字汇报到了广州。这是对"好大喜功"的大喝一声,受到领导好评。随着思路的开阔,工作组从生产队规模,进一步讨论到公社和县的规模。也就是在这年春天,刘瑞龙等同省地县的同志动议把李市那一大块从白茆公社分出去,把沙洲区从常熟县分出去,这就是后来的著名城市张家港。

在白茆,我采访了老歌手邹振楣。他那美髯,让人肃然起敬。还有陆瑞英,她举止文雅,待人谦恭,可是赛起歌来,颇有威严,当仁不让。还有一个女歌手,姓王,名字里好像有个"凤"字,我记不清了。她高高的个子,既是生产能手,还是青年标兵。我怀着拜师的心情,与这三位合过影。他们都是帮我"改文风"的导师。芮福民赠我的上世纪50年代出版的两本白茆民歌集,约有数百首民歌,语言文字通俗而无低俗,生动而无耸动,有乡土而无土气,诗句中蕴含着哲理,普及中蕴含着高雅。

"进了白茆乡,喉头直痒痒。"白茆山歌形式多样,有两人或多人的对歌互答、群体答唱,有自娱自乐的即兴演唱,还有每年春秋的赛诗大会。赛诗大会规模很大,比电影《刘三姐》的场面要大得多,一赛就是万人以上。歌手可以以个人、家庭为单位,也可以村落、社区、工厂为单位。山歌内容丰富,有仪式歌、地名歌、物名歌、节令歌、长工歌、情歌、历史传说歌,大量的是劳动歌。劳动歌里又有莳秧歌、耥稻歌、车水歌、挑泥歌、绣花歌等。至于曲调,有四句头的小山歌,有三邀三甩的大山歌,还有划龙船调、号子、吭吭调、夯夯调、盘歌调、宣卷调和壮乡调等三十余种,为国内许多歌乡中曲调最多的。当然我侧重于词,而不在曲。词是躯体,曲是翅膀。白茆山歌的词委婉细腻,含蓄缠绵,情真意切,比兴巧妙,人称"吴地一绝"。他们寓德于歌,寓智于歌,德智双馨,已把山歌列为德育、智育的教材。

几十年来,白茆山歌的这些特点一直在鞭策我走基层、转作风、改文风。因此,2004年《人民日报》要我写"难忘的地方",我立即想起白茆,马上动笔写白茆。

从白茆走向全国

文风的改进不是一次性的。在学习室,导师在批评我的文章是用四个字的成语当砖头垒成以后,又安排我去了一次上海远郊的枫泾,听故事员讲他对我文章的感受。20世纪60年代初,上海兴起了讲故事的良好风气。记得当时《故事会》杂志发行量逾百万份,全市第一。用故事开展教育,听得进,记得牢,做得到。我记得有位姓蒋的大队长,他也是农民所喜欢的故事员。我问他讲故事讲了多少年。他说没几年。接着,他对我讲了他是怎样让套话生动起来的。他说,那完全是被社员开会时的"鼾声"惊醒的。"我讲得干巴巴,社员就在下面打呼噜,这是他们的自由;我讲得生动活泼,社员就全神贯注,这也是他们的选择。"他这话增强了我转变文风的决心和信心。

从枫泾出来,我记起了一些文化人对江苏白茆的赞誉:"进了白茆乡,喉头直痒痒。"我想中国处处有白茆,是不可以把这句话改为:"只要肯下乡,笔头就痒痒。"自那以后,20世纪70年代我到西南地区骑着马翻山越岭;越过"一不小心就会去见胡伯伯(意思是被激流冲到越南去)"的激流;走过只有四根铁链而无木板垫脚的几十米长的铁索桥;爬过人不能走,只有猴子才能走的"猴子路";在雨季里,披荆斩棘,穿过蚂蟥会从树上掉进脖子的密林。五十多年来,我从西南到东北、西北,深入到三十多个少数民族地区采风,边听、边记、边用,用他们的语言改造自己的语言。采风如"采蜜",稍稍加工,就能变得甜甜的。

不过,有些"蜜","甜"中有点"苦涩",似乎更值得采进来并加以吸收。最近反腐动真格,让我想起我采来的打油诗是如何对我国二十年前开始流行的"效率优先,兼顾公平"的所谓"原则",加以否定的。在离上海不远的地方有个高邮湖,高邮湖岸边有个小村庄,小村庄上有个小黑板,小黑板上有首打油诗,就是甜中有点"苦"。诗曰:"上边把我当人看,我把自己当牛干,累死也心甘。上边把我当牛看,我把自己当人看,说什么也不给你好好干。"语言的生动性源于思想的准确性,思想的准确性呼唤语言的生动性。用打油诗跟那官话对比一下,公然把"公平"放在"兼顾"的位置,后果会怎样呢?二十年后仍然值得反思,再反思。

六、在华东局学习"吃透两头"

在调查中学调查

在上海社科院学习室工作学习两年后，我于1962年6月调到中共中央华东局政治研究室。主任由华东局副秘书长任质斌兼任，庞季云任副主任。下设几个组，我分在学习组。学习组对外称"一组"，除组长外，下有四个组员，一位是郑宗汉，任务是读《马恩全集》，一位是周永安，任务是读《斯大林全集》，再就是我，任务是读《列宁全集》。还有一位孙正宏，没有给他具体分工，有点奇怪。哪知过了几天，任质斌便随华东局第三书记李葆华，调安徽省委任书记处书记，把孙正宏带去当秘书了。

当时在华东局流行一句话，叫"吃透两头"：一头是中央精神，一头是群众意愿。任质斌为了强调这"两头"，还借用毛泽东跟他们说过的一句话教育我们，叫做："上接天宇，下接地气。"因此，就像我这样分在学习组读书的人，被派下去了解群众意愿的时间还是很多的。

对了解群众意愿，当时还有个说法，叫做"掌握第一手资料"。为什么强调要"掌握第一手资料"？华东局书记韩哲一跟我们讲过一个故事：有次夜行军，三班的马褡子掉了。于是，一个接一个地向后传："三班的马褡子掉了，看到的捡起来。"结果，传到一半，有战士火了，说："司马懿的胡子掉了，关我们什么事？"韩哲一提醒大家，听第一句话是真的，听传言就失真了。因此，我们在机关读一阵书，就要下去一趟。我先后去过浙江萧山、上海宝山和奉贤等地。

其实，早在调华东局之前，我曾借调在华东局。1961年2月，我在华东局农委主任刘瑞龙、副主任杨谷方带领下，到江苏常熟县白茆公社搞调查。前面侧重于写文风时说过一点,这里侧重于调查,再说一些。1961年3月16日刘瑞龙要看6大队15小队的食堂。为什么对这个日期记得这样清楚?因为,我陪刘瑞龙走在渠道的岸上时,他的老秘书老韩按他的习惯,打开收音机边走边听早新闻,忽然听到了陈赓在上海逝世的消息。路过8队边上的打谷场时,刘瑞龙忽然说:"这个队的队长很好,你应当帮他们总结一下。"我流露出怀疑的表情,暗暗埋怨:刘部长啊刘部长,你还没见到小队长,你怎么能知道他好?

刘也看出了我的疑虑,便问:"你知道稻草堆周围为什么围草木灰吗?"

我说:"不知道。"

刘部长说:"这是防老鼠进去的。你知道为什么要防老鼠吗?"

我又来了个"不知道。"

"是因为脱粒脱得不干净,老鼠就会进去。为什么不脱干净呢?"刘又追问。

我摇了摇头。

刘部长放低声音,亲切地说:"这队长有头脑,在刮浮夸风时人家虚报,他少报。他是准备在青黄不接时,再脱粒一次,防止有人饿死。"

我明白刘部长为什么没见队长就说队长好了。我也想到:没有丰富的知识和经验,想在调查中求得真知是很困难的。真知到了眼皮底也看不到。

有了这次"一问三不知"的教训以后,我从自负变得自卑,不知该如何写调查报告,怕完成不了任务。刘部长看得很明白。他又鼓励我说:"调查要把握四个环节:抬头一看,张口一问,回来一议,提笔一写。"几十年来,尤其是我转到社会学以后,晓得了社会调查的这个方法,那个方法,仍然没有忘记刘瑞龙教给我的访谈法"四部曲"。当时在刘瑞龙领导下,我们用这种方法对食堂展开调查后的结论是:在"低标准,瓜菜代"的经济水平下,不宜办公共食堂。

调查后做出锦上添花的结论容易，要否定旧说就很难了。1964年的"四清运动"从"小四清"转入"大四清"，换言之，是从小"左"升级为大"左"。全国到处在找"吴臣"这样的阶级异己。谁找不到，就是右倾。可是，我们奉贤工作队里有人反映找不到"吴臣"。工作组顾问、华东局第二书记曾希圣听了汇报后，明确表示："没有'吴臣'，就不要硬找吴臣。"这让大家松了一口气，也让大家为他捏了一把汗，甚至还有人好言劝我："你在曾老身边，要注意别跟着他犯错误。"是的，曾老在处境极端困难的情况下，还敢于"反潮流"，是他大无畏精神的支撑。这让我开始懂得实事求是不容易，但是再难，也要敢于坚持真理。调查就是寻找真理，对真理负责。如果调查的人说违心话，就失去了调查的意义，就是对真理的背叛。

半夜里化装挑回了《列宁全集》

在分工我读《列宁全集》之初，因为一时还买不起《列宁全集》，我是借单位图书馆的《列宁全集》来学的。借书的必须爱护书，这是"书德"，但是真要读书又不可避免地会在书上做记号，在天地上写几个字。这对我来讲，是个矛盾。我下狠心买了一套《列宁全集》，省吃俭用，积攒了100元。先是就近跑到淮海路、瑞金路口的新华书店里去买。他们说他们只有一套，柜台里少不得，不能卖。包括他们柜台里的《和平和社会主义》杂志，也是只能站在柜台边上看，不能买走。再到福州路、河南路口的新华书店总店里去买，哪知总店里也只有两套《列宁全集》，柜台里摆一套，仓库里存一套，一般不出售。没办法，我只得开了封高档次的介绍信，说明是"工作需要"，才在福州路、河南路新华书店买了一套《列宁全集》。当时尚未完全出齐，后来又出了两卷，再去买来补齐。

买来后，陆陆续续通读了一遍，对"十月革命"前后的那几卷，不知反复读了多少遍。那时领导上研究问题，把吃透上头的中央精神与"吃透马列"当作一回事，他们都十分注意不要踩着马列红线。我们就根据领导的思路和要求，给领导送上马列有关的论述。

"文革"开始,华东局还比较太平,因为华东局从来不挂牌子。我们都是用路名,或者是用648号、19号、11号、849号、1813号来代称的华东局机关。可是,有一位姓张的副省长,他本是甘肃省的第一书记。因为反右反得凶、饿死的人多,降为华东的一个省的副省长。他是知道华东局办公厅的地址的。"文革"一开始,他站在造反派一边。有一天,他带领造反的人来到宛平路11号的华东局机关。从此,华东局机关就住满了人。我当时住在高安路19号集体宿舍里,后来没法住下去了。我们用篱笆一隔,藏在高安路25号后边的小黄楼里。有一天,机关一位工人打电话给我,说我的房门被外地人撬开了,席子、面盆等被人拿走了。我问:"小书架呢?"他说小书架没动。我听了是又悲又喜。悲,不用说了。喜的是对《列宁全集》他们没兴趣,没拿走,这可是有钱也买不来的呀!

我与同事张维中商量决定夜里化装成造反派,把《列宁全集》抢运出来。那时解放军帽子上的红五星吃得开,我们没有。没有红五星表明造反精神不强。我们请女同事用红纸剪了两个红五星贴在棉帽上。皮带要扎在棉袄外边,束在里面也不像造反派。后半夜两点左右,我们估计来造反的人入睡了,便扛着扁担进了19号。一看,多数睡了,还有少数人没睡。那时三句离不开"他妈的"才像造反派。我们两人便自言自语地说:"他妈的!华东局的人都逃到哪里去了?"在接连不断地、时高时低的"他妈的"声中,我俩进入了我的房间。把《列宁全集》还有其他的书,犹如"智取生辰纲"那样,绕到衡山路运到了高安路25号的后院。至今这套全集还置于我常用的书橱中。紧贴着《列宁全集》的书脊,我恭恭敬敬地放了一座木刻的列宁头像。顺便扯开来几句:这几天在连续放映《历史转折时期的邓小平》,其中有个镜头,就是在从《列宁全集》中寻找土地出租的理论根据时,展示出的《列宁全集》有点像中文第二版的封面,可是在那年代第二版还没出来。中文第二版到1990年才出齐。尊重历史应当展示中文第一版,也就是我半夜抢运出来的这一套《列宁全集》的封面。

我知道我这样尊重列宁在今天会引发争议。这里,我只想简单地说一个观点,在"文革"前、"文革"中鼓吹列宁的斗争观时,我暗暗地想:"《列宁全集》中那么多讲'自由'的文章,反对残酷斗争的文章,你们读过没有?"现在又有人在批判列宁的斗争观,我仍然在想:"《列宁全集》中那么多讲'自由'的文章,反对残酷斗争的文章,你们读过没有?"不能把"文革"中歪曲了的列宁主义视为列宁主义。为了全面了解列宁,我又购买了《列宁全集》二版。当然,毋庸讳言,列宁也有很多错误观点,这是任何人都掩盖不了的。不过也得想一想,他建立的国家是第一个社会主义国家。后来的第七个、第八个社会主义国家都犯那么多错误。不久前,在社会主义国家中,不止一位领导人讲过,什么是社会主义还说不清,我们又怎能苛求第一个呢?在吹捧列宁时,不对列宁一分为二是不对的;在批判列宁时,不对列宁一分为二又怎能服人呢?列宁在批布哈林时,讲了布哈林很多好话。这一点,我们今日的批判家都能做得到吗?

在吓唬郑宗汉的同时

既然化装成造反派居然没被造反派识破,我颇为得意。第二天,我灵机一动,何不用这打扮吓唬一下我的老朋友郑宗汉。近年,有人向我打听经济学家郑宗汉。我说我同郑宗汉是好朋友,好到谈恋爱的事都向他"汇报"。"文革"前,他住湖南路100弄,离机关很近。我想我要是能把他吓住,单用昨天的打扮还不行,要比昨天的打扮加一个口罩。再一点,我说话的语调也得变一变。尽管我的语言能力很差,耍几句洋腔也能凑合过去。

我开始敲老郑的家门。叫了好几声,他才出来开门。我劈头就严厉地问:"你这里有没有当权派?"老郑以从来没有过的对我这般礼貌的表情回答我:"没有!"我向里一看,周南、杨国璋两位领导正好坐在里面,我又一本正经地问他:"他们两人是什么人?"还没等老郑回答,我想起杨国璋有严重的心脏病,万一经不起恐吓,出了事,不得了。我立即拉下口罩。老郑一看是我,连忙给我一拳,然后对正低头看报,装作无事的周、杨两领导讲:"邓伟志。"他们两人都笑了,不约而同地说:"小捣蛋。"

坐下后，大家先是为东躲西藏的日子发出感叹，再说下去，周南表示对上头的意图不理解，杨国璋表示对来访者的横冲直撞不理解。两位老实的领导都从责己严考虑，责怪自己没有"吃透两头"。

2003年春，我在中央党校学习时，打电话给"文革"后从华东局内刊调到中央党校任文史室主任的周南。我说："我马上来看老领导……"因为都在一个院子，我在友人陪同下几分钟就到了周老家。一进门，只见他正与他续弦的老伴开怀大笑。他们看到我，更是笑得前仰后合，连招呼我坐下的话也说不出，只是指了指椅子，示意我坐下。我说：你大概是在给师母讲我吓唬你们的故事。他点了点头。我说，我如果不是怕杨老发心脏病，我会把你老人家拖出去，那就更精彩了……

坐下后，我说："你记得我吓唬你。你还记得你们在被我吓唬之后，你们二老的警句吗？"

"我们哪来的警句？记不得了。"周老收敛了笑容。

"你们说，你们吃不透两头。我当时理解你们是不赞成两头的做法。这句话，当时等于提醒我不要跟风，所以我记得特别牢。"

"记不得原话了。但这种思想是有的。"周老边说边向老伴看了一眼，因为续弦的老伴不知道我们那时的日日夜夜。

——是的，要站得高一点看"两头"，才能看清楚。

七、住在宋庆龄寓所旁边

宋家的鸟儿来我们这里唱

上海有一处引世人注目的地方，那就是位于淮海中路上的国家副主席宋庆龄的故居。

我从1962年底，住在淮海中路1843号，这里是中共中央华东局政治研究室的办公处，一幢三层楼的洋房，雕梁画栋，古树参天，鸟语花香，小溪淙淙。我们单身汉住在楼下半地下室里。1843号的隔壁住着中将刘先胜，隔壁的隔壁就是宋庆龄的家。宋家的大树比我们的更高，鸟儿也比我们的更多。野生的鸟儿认树不认别的。宋家大院的喜鹊常来我们大院报喜，宋家大院的鸟儿也会常来我们大院唱歌。我每天早上都是"闻鸟起读"的。我曾写过"人起鸟啼前，夜卧人静后"，那是讲的中年，住在这里时二十多岁，一般都是人起鸟啼后。

住在宋家大院旁边的头一年，没看到开过大门，更没有看到他们门口设岗哨。我有点纳闷：国家副主席怎么门口无人站岗呢？

后来有一次，一中年妇女用篮子提着很大一束鲜花，她一揿电铃，立即一位军人开了大门中的小门，接过鲜花，未见付钱，也没多讲什么话。那时摆鲜花的很少，我估计宋家是常年预订的。国家副主席的岗哨是有的，不过是在门内，不在门外。这可能是因为她老人家喜爱平凡的缘故。

再有一次夹道欢迎外宾，华东局机关安排我们年轻人站在宋家与西面第十八粮店之间的弄堂口。忽然插进来一个人，他不像我们那样向前看，而是向前后左右张望，甚至还向上仰视，有点奇怪。"莫非歹人？"同事叫我去跟一起来的保卫科同事说一下。我迎头碰上陈丕显的老警卫赵遵禹，我跟他说了以后,他又向处长姚志成说了说。然后,二人很严肃的随我而来,快到弄堂口时,二位笑了。老姚说:"你就让他站你后边吧!"老赵做了个手势,说了一个字:"宋。"我明白了:是警卫宋家大院的。此后,我们也懂得自觉保卫宋家大院了,尤其留心宋家大院西面和南面的竹篱笆,莫让坏人钻进去。

结识了宋庆龄的老秘书

几年后,我认识了宋庆龄的老秘书隋学芳。这时我已成家,搬到吴兴路21弄的靠近淮海路的2号楼。他家呢?就住在正对吴兴路的淮海中路上。冬天梧桐落叶,两家能隔着马路打手势。我们还可以在家里扒在窗上看周总理等陪外国元首乘敞篷汽车由机场去锦江饭店。这时老隋手脚已有不便,他有个残疾人证书,在吴兴路4号门口的小菜场里买菜可以不排队。"不排队"在那时是件了不起的待遇。熟悉上世纪六七十年代的人都知道,买菜单凭票也不一定买得到,还得凌晨四点钟起床,拿破篮头、小砖头排队。老隋见我常常抱着孩子排队太吃力,便主动要代我买菜。买好菜,彼此总要再说上几句,议论国家大事,聊聊家庭琐事,剖析社会上的流言。

老隋的妻子在上海市公安局工作。他们夫妇生了两个女儿,深受宋庆龄喜爱,常把好吃的留给这两个小孩。有次,老隋聊了一个故事令我感动。全国解放不久,隋秘书接到一个电话,对方说:"我是陈赓,我想去看望孙夫人。"老隋把电话报告了宋,宋说:"我不认识这位,不见了吧!"老隋对宋庆龄讲陈赓是大将军(当时未授军衔)。宋庆龄仍不同意见陈赓。老隋只好把宋夫人的意思告诉大名鼎鼎的陈赓。过了一会,陈赓又来电,说自己是被宋庆龄亲自从国民党监狱营救出狱的人。宋庆龄马上回想了起来,立即同意他来。事情是这样的:宋庆龄本来是去狱中营救廖承志的。廖在狱中知道旁边关着一位叫陈赓的,廖虽不认识陈,但知道陈是共产党,便请宋先救陈赓,后救自己。宋便先营救了这位她不熟悉的共产党人陈赓。营救只为"重道"、信仰,毫无私情,值得敬佩!

宋庆龄长期住在上海。她的故居是善良的象征,文明的标志,是上海形象的光辉。上海高人多。高人对我们当时的青年人来讲,就是老师。我先后拜过很多老师,乐于助人的隋学芳就是其中之一。

八、你抓革命我促生产

侥幸存在的《农村青年》

"文革"是"革"文化的"命",不用说,也就是"革"文化的载体——刊物的"命"。从1966年5月起,到年底除了《红旗》等几家刊物外,大批的刊物都先后停刊。在1966年下半年,刊物跟样板戏差不多,寥寥无几。说来有人不信,有一个叫《农村青年》的刊物居然办到1967年底,发行量高达30万份。

《农村青年》怎么会如此幸运?这要看是谁办的。《农村青年》原名《农村知识青年》,是上海办的,上海有关方面并不把它放在眼里。可是身兼上海、华东两个第一书记的柯庆施认为,未来是属于青年的,要有战略眼光。华东局成立后,柯提出提高档次,由华东局宣传部来办。把山东《大众日报》总编辑陈晓东调来任《农村青年》编辑部主任,把《大众日报》理论部主任郭嘉复调来任《农村青年》副主任。重要稿子还要报华东局宣传部部长夏征农和副部长吴建审阅。这个时候我都不在《农村青年》。

"文革"开始,草木皆兵,大批刊物因为被套上"修正主义"帽子而停刊。也许是读者对象比较诚实的缘故,没有人来"造"《农村青年》的"反"。再就是毛泽东提出"中央局不可夺权"。有的中央局夺了权,没几天又悄悄地还了权。属于"不可夺权"单位领导下的《农村青年》,便得以多活了一阵。

还有一个戏剧性的环境不知是不是《农村青年》延年益寿的原因。"文革"前,华东局从未挂过牌子,很少有人知道华东局的组、宣、农、纪四个部门都在高安路19号。"文革"中高安路19号被人晓得后,我们连夜把别处的篱笆搬来，把《农村青年》的小黄楼与宣传部的大楼隔开，再剪开另一角的篱笆当大门，从衡山路进出。这样，《农村青年》编辑部便成为"世外桃源"。19号有来自华东各地的人进进出出，人山人海，小黄楼万籁俱寂，平安无事。当时部领导无法到原来的办公室办公，可是，一天也闲不住的积习又提醒部长无"公"好办也要办。吴建副部长天天从衡山路来《农村青年》上班。

气氛能感染人。形势能牵着人的鼻子到处走。在"造反"的空气弥漫的时候，华东局的干部坐不住了。不管是真造反还是假造反总归跟真的一样"吼"了起来。有一天，吴部长又按惯例来《农村青年》"上班"。一进门，不再是"早上好"，而是"打倒吴建"，以示与吴建划清界限。

造反是要花费精力的。《农村青年》谁来办？为了做到造反、办刊两不误，成立了一个以周挺南为组长的"生产组"。我也忝为组员。当时正流行"抓革命，促生产"的口号。我对同事们说："你抓革命，我促生产。"

采访时碰到的

可是，在1967年那种环境下，生产也撇不开"革命"。我外出组稿、写稿，也是"左"得出奇，做的错事多，好事少。这里讲几点见闻：

一是到江苏太仓县沙溪公社洪泾大队采访沈玉英。沈玉英是初中毕业的女青年，她患有截瘫，坚持学习毛主席著作。每天"狠斗'私'字一闪念"，都记在日记里。这样的人正是《农村青年》当时应当宣传的对象。由空军组成的"四清"工作队曾在这个公社，叶群、林豆豆母女就住在沈玉英家附近，著名的顾阿桃也在这个公社。本来叶、林母女都用化名，林豆豆化名叫"李衡"。叶群化的什么名，我忘了。四清结束前他们都公开了身份。叶群树的典型是顾阿桃。因为华东局宣传部夏部长说过"顾阿桃那种做法是图腾"，我们只是与顾见了一次。见她时，她向我讲了她1966年到北京参加国庆观礼的情况。我现在脑子里所记的，同有些报刊上所写的不太一样，容我姑妄言之。我记得的是，顾向叶群主动提出："我要见您'小官人'

（太仓土话，小官人指丈夫）"。叶群说："他忙！"顾阿桃说："见不到你小官人我就不走。"叶群只好把她领到家里，见了她小官人。顾阿：叶群家里只有两个箱子。顾看了看，问叶："你们冬天的衣服呢？"顾是聪明人，她的意思是，两个箱子是装不下棉衣的。叶群说："冬天的衣服还没发哩！"顾据此说林彪生活简朴。可我暗暗想：那是他"家"吗？"文革"后，在哪篇文章里看到，叶带顾见林的屋子是警卫室。

"五一六通知"下达不久，林豆豆在《人民日报》以一个版的篇幅，发表了她题为《向阳花开》的长篇通讯，介绍沈玉英活学活用毛主席著作的事迹。周挺南带领我采访了沈玉英。我们深感沈玉英不容易，已经瘫到了胸部，还那么坚强。但是，也隐隐约约觉得林豆豆的文章多少有点拔高。也就在这时候，沙溪有人写信给《人民日报》，指出林文有失实之处。什么地方失实现在记不得了，反正是枝节问题，不是大毛病。结果，回信的不是林豆豆，而是工作队里的一名空军军官。沈玉英把这封信给我看了。回信人的名字我当时就没往心里去，只记得他检讨了自己工作不深入，不细致。回信人的书法也很好。看完了信，我产生了异样的感觉：文章究竟是谁写的？年纪轻轻就由人代笔，好不好？即使不是你写的，署了你林豆豆的名字，出了事你林豆豆怎么不出来说一句，却要别人代检讨？这点小事都不出来担当，像话吗？我本来对他们一家都很敬重，知道了上述这类事，开始打了一点点折扣……

二是到江苏邗江县方巷公社方巷大队采访。方巷是张爱萍将军蹲点的地方。这里学习毛主席著作的情况跟沙溪不同。这里普及，男女老幼都能说一些，儿童团长对毛著熟得超过她的年龄，不像沙溪只有少数几个人。再就是张爱萍亲自动手。张爱萍亲自在泥墙上用石灰刷毛主席语录，亲自给社员上课，亲自出钱买树苗为方巷植树。更值得学习的是，方巷是把学毛著同学文化相结合，不像顾阿桃那样画图忆字。把那个画图的功夫用到识字上该有多好！张爱萍亲自编了《学习毛主席著作识千字》。这课本我现在可能还保存着，小小开本，可能是72开本，牛皮纸封面，装帧极为简单。为此，我给张爱萍写了信,肯定方巷把学毛著同学文化相结合的做法。后来又写了"内参",有一点贬洪泾的意思。我拿给一位我信得过领导看。他第二天对我说,他把我写的内参和张爱萍给我的回信烧了。因为这时已有人议论"打倒张爱萍"了。他这样做完全是出于对我的保护。我不知政治深浅,只知道有啥说啥,可是……

三是到安徽合肥郊区的杏花村采访。去之前,听说这个大队的会计学习毛主席著作做好事,乐于助人。可是到了那里,情况变了。这会计大概是说了句对毛主席或者是对林副主席不十分尊重的话。什么话?公社领导没明讲,因为"防扩散"。现在的青年可能不知道什么叫"防扩散"。我们"文革"过来人,三天两头能听到"防扩散"。意思是:说了对"无产阶级司令部"大不敬的话,不宜重复,更不宜声张,就叫"防扩散"。在我们到之前,会计被拉出去游过街。游街回来,"单"喜临门,他妻子生了个大胖儿子。儿子起什么名字?会计灵机一动,就叫"文游"吧!"文化大革命"中游街之意也。昨天是标兵,今天变成了敌人,转速是何等之快啊!

四是到山东潍县采访英雄李文忠的家乡。1967年8月李文忠在江西"支左",一群红卫兵在赣江落水,他奋不顾身,跳下去救人,接连救上来五人,自己已累得四肢无力,面色苍白,忽见还有一名红卫兵在水里挣扎,他再去救时,自己牺牲了。李文忠所在的6011部队原来在山东,李文忠的家乡也在山东,《农村青年》便派我与冯德印去山东采写李文忠在山东的表现。我先到烟台见了魏伯亭军长,再到莱西(也可能是莱东)见了孙好贞师长。孙师长拿起枪能打敌人,拿起笔能写文章。他讲了不少故事给我听。那时候国家还很贫困,他想招待我吃水果,市面上的比较贵,他自费到苹果园买一两毛一斤的苹果给我吃。离开师部后,我接着又到潍县李文忠的村上。众口一词,都夸奖李文忠参军前也很优秀。这个村因李文忠而出名,来学习的人很多。地区派一位刚刚解放出来的地委老宣传部的王副部长搞接待。王部长很内行。当时在由谁出去宣讲李文忠的问题上,有的建议由李文忠的妻子出去,有的建议由李文忠的父母去,在由谁陪同的问题上也是众说纷纭。王部长出面分析，很有分寸，大家就听他的。李文忠有个女儿，名字是李文忠起的，叫"阿华"。本意是"爱我中华"。可是，有个邻居有点文化，也是村干部，硬是说：阿华是阿尔巴尼亚与中华。王部长吩咐，不要随意发挥，原来是什么就说什么。

可是，就在我准备提笔整理李文忠参军前的事迹时，《农村青年》来电话，说机关分成两派了，杂志不能办下去了。再办，就要被说成"抓生产，压革命"了。

我听了很伤心。两派的人都比我能干，都对我很爱护，怎么说变脸就变脸呢？我再一想，他们是因为"抓革命"抓出来的矛盾，我前一段时间没介入，回到机关我入哪个派呢？茫然，怅然。

接待来访的苦与甜

华东局办公厅下面本来有个信访处。为了了解这个"文革"前的信访处，我在十多年前专门问过"文革"前在信访处工作过的史德宝同志（"文革"后曾任上海市司法局长）。他说华东局信访处包括处长在内总共三个人。如果处长不算，那就是一人管信，一个管访。史德宝就是管访的一个人。可是，文革开始后不得了，接待站猛增，从几个接待站，到二十来个接待站。我参与过三个接待站的工作。一个是蒋文杰（华东局宣传部文艺处长）领导的接待站，一个是董家邦（华东局农委副主任）领导的，再一个是忻元锡（上华东局财委副主任、上世纪80年代任上海市副市长）领导的接待站。参加接待站有个好处，可以少参加机关内的"革命"。不用说，接待也有接待中的苦处，可是再苦也没有参加批斗人那样苦。

这里说三个故事。

有次接待一批江苏来的上访者。他们在建国西路648号的篮球场上把我团团围住，非要我答应他们的要求不可，非要我表态支持他们斗他们的头头是"革命行动"不可。我不是圣人，怎么可能听一次就下判断。我不下判断他们叫我把我的大领导拉来表态。我们有纪律，要保护领导。只有到实在撑不住时才能拉大领导来。我不拉来大领导他们就不叫我走开。从早上把我围到下午三点。我渴了，就打开球场边的自来水龙头，双手捧点自来水喝。下午三点了，我这二十多岁的消化力极强的小伙子饿得饥肠辘辘。我对来访者说话了："你们有没有吃午饭，我不知道，因为你们的人是轮换的。我没吃午饭，你们是知道的。我得去吃饭了。"他们听了，尽管有人喊："不可以！"但是，多数人是有人道的。我大摇大摆地往外走，没有人拉扯。他们也聪明，派两个人跟在我后边走。我有公交月票，他们要买票，这里就有个时间差。我一会儿上15路，一会儿上26路，几上几下，就把他俩甩掉了。我不能让他们知道食堂在哪里。我们机关的大小干部都在吴兴路食堂吃饭，外来人知道了，进去了，那可是"一锅端"了。

来访的人绝大多数人是好的。大约几个月后，我与小葛去镇江出差。一男性小干部指着我的背影，问小葛："他是不是华东局的干部？"小葛说："你认识他？"那人讲："我们围攻过他。"他认出我以后，反而对我和小葛的照顾十分周到。真是不打不成交啊！人道不人道跟氛围有关。不人道的氛围浓厚，他不人道的一面就会爆发；人道的氛围浓厚，他人道的一面也会升腾。

再一次我随董家邦在建国西路648号接待上海一批崇明哪个农场的人，他们是来告上海市委状的。因此，我们把上海市副市长宋日昌请来一起接待。在董、宋答复后，从来访者表情看，他们有可能满意。这时，宋日昌的秘书提醒宋吃药。宋一边吃药一边说："我身体不行了，是快入土的人了，将来建设上海靠你们了。"来访者一看老人吃药，讲人道，讲礼貌，告辞了。他们刚走，有同事来告诉："红三司来抓人了。你们赶快躲一躲。"往哪里躲？我灵机一动，把他们带到锅炉房。开始有点紧张，我们连话也不说。呆了半小时后，宋日昌拍着我的肩膀小声说："你知道不，这里过去是法国巡捕房。现在是你把我们三人'捕'到这里了。我小便都没地方。你是不是出去看看，红三司走了没有？"我是属于董家邦领导的，董说："你去观察一下吧！"秘书要陪我去。我跟秘书开玩笑，说："你别去。你去了，你年纪这么轻华东局的人不认识你，说不定会把你当红三司呐！"我轻手轻脚走了出去。顶头碰到机关党委的老刘。他说："你来得真巧，我刚把那批少爷送走。"

　　第三次是一天晚上忻元锡在高安路25号听当天接待情况汇总。25号原来是九人小组的办公楼。什么叫"九人小组"？是血吸虫防治小组，因涉及九个省，有个协调的问题，由九个省市的第一把手组成，组长是柯庆施。柯就把九人小组放在华东局机关代管。25号与19号之间只隔一家，好像是市妇联主任关建的住处。25号独门独户，一幢小洋楼，不为来访者所知。在那些日子里，我们进出揿电铃，有密码，像"口令"，比如今天是"长长短"，明天就改为"短短长"，暗号不对不开门。那天晚上有人忽然揿了几下，我们静静听着，没去开门。忻元锡估计是有人瞎揿的，便说："这么胡来，以后是要'对号入座'的。"我听了觉得很精辟：就是各人要为各人的行为负责，为各人的行为担当。在汇报到来访者要求打倒自己的领导时，忻又插话："把一个人的优点加起来就是马克思主义，把一个人的缺点加起来就是修正主义。"我一听，又觉得所言深刻。忻这句话大概在别处也说过。后来忻成"走资派"时，有人把这句话揭出来，作为抹杀"文革"必要性和阶级性的罪状。可是，几十年来我一直把这句话视为箴言。把有缺点的人当敌人来打，是"政治运动"的偏差，是"暴力论"的祸根。我认为这箴言就是在今天依然发人深省，今天把缺点当罪行的事少了很多，但也不是没有。人才难以杰出也同把缺点当什么"主义"不无关系。

1	2	3
4		

图1：邓伟志与武昌农讲所旧址中父亲邓果白的照片
图2：1956年十八岁进大学
图3：大学毕业那年
图4：大学毕业时师生合影。自左至右：同学戴炳炎、龚白生、老师蒋照义、邓伟志(左四)、同学龚某某、老师李良美

图1：母亲纵舒民在阅报
图2：弟兄俩同在全国"两会"上，小弟弟邓天生（左）
图3：姐弟四人，由于我们的母亲尊重妇女，坚持姐弟按大小排序，不同于男女分别排序。姐姐邓天佑一定为老大，邓伟志为二弟，以下为三弟、四弟。外甥称邓伟志为二舅，弟弟称邓伟志为二哥。
图4：由毛泽东、邓演达领导的武昌农讲所旧址所载父亲邓果白生平

1
2
3

图1：邓伟志（左一）与妻子张耀新、女儿邓曈曈一起采桔东篱下
图2：父母兄弟六口人：前排左一为邓天生、左二为邓天觉
图3：哥俩好。与小弟弟邓天生

图1：1966年在白茆采风
图2：邓伟志（左二）与1961年讨论"六十条"时的常熟白茆农民再聚首

九、芦苇荡里"斗、批、'走'"

生活在海边芦苇荡里

我们二连（华东局宣传部系统）是1968年12月25日下到"华东局机关五七干校"的。之所以对日期记得这么清楚，是因为工军宣队吩咐：一定要在五七干校庆祝毛主席的七十五岁生日。除了先遣队以外，我们便是华东局机关第一批下到五七干校的，负责为后来者造房子。

上海有很多五七干校，大多设在海边。比较起来，我们华东局机关五七干校是离海最近的。大家知道，海有内堤、外堤两道防线，内堤冲破了，还有外堤挡住。我们干校设在南汇与奉贤交界的海边的内地、外堤之间，照理风险系数还是很大的。内地外堤之间是一望无边的芦苇、芦竹，比沙家浜芦苇荡大得多。干校学员不到五百人，我们割掉芦苇，开荒耕种了七百亩地，自己动手盖起六排长长的茅草屋。我酸溜溜地私下称其为"芦庐"。"芦庐"没有墙壁，全是芦苇秆扎的篱笆。打倒对象、靠边对象年纪大，睡床；所有的中青年一律睡地铺。这一点是华东局机关异乎寻常之处。睡地铺，寒风吹动苇叶，嗖嗖地刮在被窝里。茅屋不为秋风所破，"芦庐"却为寒风所刺。内蒙古来我们干校外调的人不肯在我们这里多待，他说："你们室内比我们蒙古包冷多了。"冬去春来，春天芦苇能从我们的地铺下冒出来，背下那一块的芦苇长出来会被我们压住；脚头那一块厉害，一不留心芦苇就茁壮成长，活像遗体周围的插花。夏天洗澡倒是很方便，有大堤必有小河。大堤是用小河里的泥土垫高的。我们就在离宿舍几十米远的内堤边上的小河里洗澡。更衣怎么办呢？男女不能不分开呀！办法总比困难多。我们拉开距离，在河边选择两片芦苇地，砍掉片心，保留四周，就成了通天的半封闭式的更衣室。只有飞鸟能向下看到更衣室里的"皇帝新衣",周围是看不见的。干校离海这么近,还有一条不好,我们虽然是自己打井,不直接饮用海水,但是近海的井水还是咸的,含氟太多。说咸,它跟盐的那种咸并不一样,不是正味的咸,因此,我们宁可在开水里加点菜汤来喝,也不能直接饮那井水。再好的龙井茶叶泡到海水里也变不成香茶,品不得。好在远在海边的干校空气新鲜,阳光充足,一边喝有害的,一边吸有益的,二者相抵,日子凑着过。跟芦苇打交道多了,人也培养出了芦苇般的韧性。生活苦一点不算什么,可怕的是精神受折磨。

跳海不死不如死

华东局的干部由五部分人组成,一是中央下放的,如韩哲一、刘瑞龙、罗毅,再如周炳熙、彭厚安这几位普通干部,他们在国家计委都是与朱镕基脚碰脚的;二是由华东六省一市领导岗位上调来的,如黄耀南、李宇超等副省长,有的是从省级领导岗位上被打下去以后又回到领导岗位的,像任质斌、夏征农;三是由上海局转过来的,像杨谷方、李学广。在1953年把中央局撤销后,只保留一个中央上海局。1960年恢复中央局,同时就撤销了上海局;四是一批大中小文化人,大的像姜丕之、郑英年、蒋文杰,小的就是我等被人讥为"三门干部(家门、校门、机关门)"的一帮人;五是个别从基层选拔上来的。应当讲,这五种人的素质都是比较高的。连五种人之外的后勤人员素质也都是响当当的。比如汽车队长洪明发,他是护送陈毅从苏北去延安开"七大"的优秀警卫员。还有传达室里的老张(名字被我忘了),他既为二野首长刘伯承开过车,也为三野首长饶漱石开过车,为人忠厚老实。

可是,这样一支忠于人民的队伍经"文革"这个搅拌机一搅和,人际关系乱七八糟。干校的主要任务是"斗批改"。"斗批改",一看便知是以"斗"为先。斗,把人的正在退化着的野蛮性调动了起来,让只有人才具有的说假话的那点本事发起酵来。斗,关系越密切的斗得越凶,"莫逆之交"的朋友也"逆"了起来。昨天靠"老子英雄儿好汉"成好汉的,今天反戈一击狠斗起"反动"的老子来。斗,会议上半段斗人的人,到下半段就变成为被斗者。不仅斗当权派,一位能在结冰的海堤上开车的优秀司机,因为讲了句:"干校干校是干部的学校,叫我们司机下干校干什么?"当晚就开了他的批斗会。口号声透过篱笆传到好几个连队。

一位今天还健在的大秀才,下干校前不管斗他什么,他都不在乎。在干校,忽然有人揭发他议论过江青。他掂得出分量,深为命运担忧,于是跑到海里自杀。他不懂,南汇的海岸不是岩岸,是沙岸,再具体地说是"泥岸",往海里走十分钟,水深还不到膝盖。大秀才身体不好,走路很慢,大约走了十好几分钟,还弯着腰踉踉跄跄地往海里挪步。一位渔民看看不对劲,急忙跑去把他揪回干校。一到干校,湿淋淋的衣服没有换,马上开他的批斗会,不知是吓的,还是冻的,反正是直打哆嗦。内心同情他的人很多,公开同情他的人一个也没有。他平反后私下对我说:"挨斗的时候,听那些幼稚无知而又气势汹汹的充满侮辱字眼的发言,真觉得生不如死。"

听八届十二中全会实况录音

下干校前,八届十二中全会刚刚闭幕。在干校听过一次市里传达的传达。记得最牢的是有人绘声绘色地描述了在表决把刘少奇永远开除出党时,如何的一致,只有陈少敏不举手。不消说,传达人是把他的传达当正面说的,听的人表面上也是把传达往正面讨论的,可从眼神上看得出有人有异样。

过了没几天,因为华东局是中央局大机关,五七干校借来了八届十二中全会开幕式和闭幕式的实况录音,再放给学员和打倒对象一起听。这是我平生第一次听中央全会录音,又是在那种严峻情况下听的,所以我兴趣极大。四十多年过去,记得的有四点:

第一,关于"文革"的进度,毛泽东说:大概要三年,到明年夏季差不多了。——这一点我之所以记得特别牢,是因为这意味着在我们听传达的几个月以后,"文革"就要结束。第二,关于清理阶级队伍,毛说,要稳、准、狠,重点是这个"准"字。强调要注意调查研究,要重证据,不要重口供,不要打人,不要搞"喷气式"。——这一点我之所以记得特别牢,是因为我所在的连里有人供出一个"国民党特务",可那时他只有十二岁。还有一位有人供他是特务站长,可那时他只有十七岁,两人都是有口供而无证据。第三,关于学者,毛说:不要做过分了。冯友兰、翦伯赞,还有吴晗,也还有某种用处。还提到北京的华罗庚、任继愈,上海的周谷城、刘大杰、谈家桢、苏步青,广州的杨荣国。——这一点我之所以记得特别牢,是因为周谷城不是下面先斗起来的,是在"文革"之初由中共上海市委定的八个反动学术权威之一。第四,关于老干部,毛说:"要保,要看他们以后的情况。我的意见,改也可以,不改也可以,强迫人家的,我就不那么赞成。"他还说:"各地方已经打倒了的,也许过几年之后,大家的气消了,让他们做点什么。统统是左派,我就不那么赞成。"——这一点我之所以记得特别牢,是因为在我的亲人中有属于这一类的。录音是音。前人形容唱歌,说:"余音绕梁,三日不绝。"这八届十二中全会的录音,到现还不绝于耳。咋回事呢?

一篇歌颂干校文章的出笼

　　下干校半年多的时候,我们二连有三位男性的妻子预产期在8月上旬:一位是戴鹏安,一位是丁凤麟,再一位就是我。那时候,家庭都很困难,雇保姆的事极为罕见,社会上也不兴雇人的。不用说不兴,就是兴,就是流行,叫我们雇人,我们也雇不起。我月工资60元,养家糊口都有点紧,还谈什么雇人呐!班里、连里知道这些情况后,把我们三人的困难反映到校里。

　　7月底的一天,五七干校校革会负责宣传的领导王静国同志找我们三人谈话,说:"交给你们三个人一个任务,到解放日报写一篇反映干校生活的长篇报道。"然后,讲了讲大体内容。最后,才轻轻地说:"你们也可以顺便照顾照顾老婆生孩子……"我们都很感动。我们明白,领导实际上是为了照顾我们家里的困难,可是在那种"非常革命化"的年代,他只能是以任务为先。谈话快结束时,王静国朝着我说:"我老婆也刚生孩子。我不能回去,你离我家最近,请你代我去看一下我老婆……"我发自心底钦佩他的先人后己,可是嘴上没吐露一个字。当时我家住吴兴路21弄,他家住康平路100弄,从边门走,只有一百多米。又是因为正处于"非常革命化"的年代,当时不流行送礼,回上海后,我空着手去了他家一次。

到解放日报后,我们三人私下说好:三人中先生孩子的,先少干活,后多干活;后生孩子的,先多干活,后少干活。结果先生孩子的是丁凤麟。他妻子忽然顺利地生出了小宝宝。这就是现在复旦大学哲学系的宝贝——丁耘教授。这里说丁凤麟的妻子(对不起!现在称"太太",可当时不兴这称呼)"忽然顺利",是因为一般说,生孩子时间长,生之前要吃点耐饥的桂圆肉。哪知丁凤麟的太太没来得及吃桂圆就临盆了。于是,他妻子便把没来得及吃的桂圆肉送给了我妻子。从当时的消费状况说,桂圆相当今天的人参和虫草这般珍贵,因此,我们很感谢老丁全家。丁、戴、邓都是以"D"打头的。三"D"从此结为通家之好,四十多年来一直风雨同舟。

歌颂华东局五七干校的文章完稿后,我们三人便回到了干校。意想不到的是,《解放日报》社按照"非常革命化"的规矩,对干校说,在报社期间邓伟志工作认真,丁凤麟不太认真。这真是天晓得!可我们三人晓得这是"先入为主"心理的负面效应。我不便向《解放日报》解释,只向干校王静国讲了讲内情。——顺便提一句:在"非常革命化"的风头过后,讲"人性化"的《解放日报》从德才出发,热情接纳、欢迎丁凤麟到报社工作。

1969年8月23日《解放日报》在头版头条发了署名"本报通讯员"的长篇报道《干校,干校,干革命的学校》,文章从"左"的角度赞颂了好几位老干部。当时看了觉得那是"苦恼人的笑",今天看了觉得那是"苦恼人的'哭'"。怎么可以把苦难的干校说成是什么"干革命的学校",是什么"继续革命的'加油站'"呢?我真傻!我真"左"!

"江南上去了,我们怎么办?"

下干校,离妻(夫)别子,各有各的困难。人人内心里都想离开干校,可是谁也不敢说。"行到水穷处,坐看云起时。"1969年春天,有一位中层干部调到位于南京板桥附近、但隶属上海市的9429厂当领导。他的离校颇有戏剧性。工军宣队知道他要当领导去了,但是按当时做法要"斗、批、走"。当晚开他的批判会,说他这个认识不够,那个没有"转过弯来"。斗完之后几分钟,工军宣队找他个别谈话,对他说:"你将分配到9424当领导,明天有车子接你到市里报到。"他不敢相信,他不敢回答,他还以为是对他耍政治手腕,因为刚才还要他继续检查,因为全干校他是第一个分配工作,没有先例。在工军宣队说得有鼻子有眼后,他相信了,他流泪了,他振臂高呼:毛主席万岁!

有第一,必有第二、第三。有一天,干校革委会主任江岚同志调上海市冶金局当书记了。这一下干校炸开了锅。江岚是从部队调来华东局的,是公认的忠厚长者,大家对他本人离开干校由衷地高兴,为他祝福。可是,"校长"走了,学生难免有各种想法。当时正值上海两报每天的通栏大标题都是"江南上去了,我们怎么办?"意思是江南造船厂"抓革命,促生产"搞得那么好,我们该怎么赶上去。干校学员便把这个口号接过来,自发地喊出"江岚上去了,我们怎么办?"好办!"群龙无首",表明群龙可以归大海。这是可喜的信号。没多久,到1971年绝大部分学员都陆续分配走了:有的回省里,有的回中央,多数留上海。华东局机关五七干校是同类干校中撤销比较早的一所干校。

回忆干校那段生活,苦中有乐。五七道路应予否定。20世纪80年代,我认识黑龙江柳河五七干校的秀才,他是柳河五七干校报告的起草人之一。他现在深圳办"文革"博物馆,当然也包括收集五七干校的文物。大家在随便议论时,有人提出:也不能从一个极端跳到另一极端。让干部长期从事体力劳动是荒唐的。今天假若能让官员一年当中有那么几天与工农同吃同住同劳动,是不是有助于当今的群众路线教育呢?值得一议。

再扯得远一点。对"文革"必须否定,绝不能让"文革"的历史重演。这话有很多人说过,我在本文结尾要补充的是,如果爆发第二次"文革",

那将比第一次更疯狂、更野蛮、更残酷,更有破坏性。为什么?据我观察,"文革"之所以疯狂是因为其中夹杂有强烈的复仇主义。华东干校之所以相对讲疯狂性较少,除素质外,还与华东局是新成立的机构有很大关系。到1966年"文革"开始,华东局也只有五六年的历史,彼此没有"旧仇",没有"积怨",情绪化的东西少。可如今评价"文革"中的人与事,多有情绪化,不客观,不全面。从大量回忆录上可以看出,即使是优秀的回忆录,也夹杂有复仇主义成分,即使有海洋般广阔胸怀的贵人也有下水道般粗细的复仇心理。一旦爆发二次"文革",新账老账一起算,旧仇新恨一起报,那可就问题大了。就算当事人已经仙逝,后人容易"相逢一笑泯恩仇",可是,由于后人只知其前辈挨整史,不知其前辈整人史,片面性助长报复性,闹腾起来难以收拾。对干校,对"文革",无论如何要冷静分析,客观评价。

十、在百余家工厂企业劳动

"文革"中没有劳动过的人几乎没有,可是像我这样到一百多个行业劳动过的,大概也不多。

这段特殊的劳动经历是与我在"文革"中的特殊地位分不开的。什么"特殊地位"呢?简单地讲是两点:

一、我没有入派。没入派的好处是两派都不把我往死里整,坏处是两派都不会亲我、保我。

二、我的年龄决定我不可能是叛徒、特务、走资派,连个芝麻大的疑点也没有。

因此,我公开声称:

一、我不是"党内走资本主义道路的当权派",我是"党'外'走'社会主义'道路的'无'权派"。

二、对我"不可不用,不可重用"。不可不用,是因为我不是"三种人";不可重用,是因为我不是任何一派的"自己人"。再加上,我的处世哲学是:对两派保持距离,对两派中的个人没距离。因此,我人缘比较好。

1968年底、1969年初,华东局机关一锅端,在上海市南汇县芦潮港办起了五七干校。我在前面说过,在那个"大联合"的热火劲上,两派知道我等妻子生孩子,便派我们到解放日报写反映干校生活的报道,顺便照顾照顾家里。我收集了两派在干校的好人好事,写了篇《干校,干校,干革命的学校》长篇报道。干校、报社看了都很满意。于是,我就靠《干》文这"荒诞篇"而得了宠,在返回干校不久,于1970年又从干校来到了解放日报,在汉口路309号二楼印刷厂上头一间噪声隆隆的房子里,与宗寒（现为经济学家，当时啥都不是）一起搞起了经济大批判。两人合写了几篇文章，今天看已经是左得出奇了，可是，领导上还批评我俩："搞的是'没有政治的政治经济学'，是'传统经济学'。"说我俩"脱离实际"。再加上，有匿名信说我是"逍遥派"，不宜重用。这样，我与宗寒就非下去劳动不可了。

劳动，谁都知道，如果只蹲在一处劳动，视野不开阔，依然可能脱离社会实际，于是我俩向领导说：为了广泛接触实践，我们不固定在一个工厂劳动，请相信我们不会偷懒，允许我们到技术先进的工厂边劳动，边调查。领导不仅同意，而且放手让我俩在各工业局以及科、教、农系统选择有代表性的、有新技术、新工艺、新材料、新产品的单位去劳动。

去时，大多是先打电话，然后，持"解放日报工农兵通讯员学习班临时采访证"见面，一般都会接纳；有时不行，就请解放日报办公室开个介绍信；再不行，就"竹筒倒豆子"，把没正式证件的缘由说个彻底，让他们理解。我当时把进厂的"四部曲"编了个顺口溜：

  大摇大摆闯进来。
  不行！——一个电话打进来。
  再不行！——出来个人领进来。
  还不行！——"中共中央"掏出来。

什么叫"'中共中央'掏出来"？因为整个"文革"十年，我手里只有"文革"前发的"中共中央华东局机关出入证"，没有任何人发我别的正式证件。上面提到的那件"解放日报工农兵通讯员学习班临时采访证"上没有照片，警惕性高的不理这个茬。事实上，也真有人一边"热情"接待我俩，一边背着我俩打电话到解放日报核对：有没有这个人？

劳动的门槛固然难进，可是比今天的农民工进城，方便多了。

"文革"中，我劳动过哪些地方呢？

钢花溅在头上

——在上钢三厂当炉前工

上钢三厂二转炉是个有名的车间。炉长王明章是工人哲学家,写过炼钢的辩证法。我们去之前很想向王炉长请教。可是,他当时已被打成"黑标兵",靠边了。所好的是工人看人主要是看劳动,对政治上"黑"不"黑"没太大兴趣。新炉长对老炉长仍很尊重。这样,我们在那里劳动了一个月,相处融洽。转炉里熊熊烈火,车间里尚无火药味。

我被分配为炉前工,负责取样。头一天,炉长没叫我干活,只管看师傅如何取样。在向炉里加料时,钢花四溅。多年来,每当我从诗里读到"钢花四溅"时,总是充满激情、憧憬,可是今天真的看到了钢花四溅,却紧张、恐惧,向后退,深感我是"邓"公好龙。炉长说:"没事!"事实上也真的没事。炼钢首先是炼渣。从炉子里飞出的钢花,落到柳条帽上,落在石棉衣服上,就变成了小黑炭球,秋毫无犯,平安无事。

恐惧心理消除后,就开始取样:用湿毛巾盖住半个脸,毛巾的一头压在安全帽下,一头用牙咬住,斜视着,把长约三四米的勺子伸进热到两三千度的转炉口里。空气起码有六七十度。我迅速取出钢水后,急忙交给化验员。化验员说出钢,就出钢;化验员说不能出钢,就不出钢。可也不尽然,化验员说不能出钢,炉长一看钢水颜色,说可以出钢,马上出钢。这是要冒风险的,搞不好会出低温钢,那损失就大了。不过,在我劳动的一个月当中,没出过一炉低温钢。我问过炉长为什么不听化验的。他们说:"化验要时间,报出的结果是化验前的钢水,在化验过程中,没炼好的钢这时已经炼好了。再多炼一分钟,所耗用的电比万家灯火要多得多……"

取样是"一冲头"。二十分钟时间里只需要冲上去一次,其余时间是在炉前站立。可是,就是这一冲,便浑身是汗,脚在套鞋(又称胶鞋)里打滑,随后就是把一两大碗酸梅汤喝进去,补充水分。在站的时候,我多是向炉长请教：什么颜色是出钢的颜色？什么颜色是不能出钢的颜色？他不厌其烦地指给我看，可是，我直到"战高温"结束，也没学会辨认。

——"百炼成钢"，我早、中、晚三班倒，炼了一个月也没成"钢"。

装什么，卸什么
——在码头当装卸工

上海叫上海港。不到港上劳动似乎体会不到"上海港"的风采。样板戏《海港》一出来，在当时那种气氛下，大家更向往海港。我先后到过上港五区、七区劳动。

在七区干装卸煤炭这种工种。其体力消耗要比当炉前工少一点，可就是吃煤灰。干完以后，演"包公"可以不化妆，面孔除了白眼珠是白的，其余的都是黑的。不但脸上，就是脖子里、袖口里也都是黑乎乎的。正当我在码头干装卸工的时候，世界上最后一个"十足的"皇帝——埃塞俄比亚的塞拉西皇帝光临上海。那时，外国元首从虹桥机场到他们下榻的锦江饭店都是乘敞篷车。顺便说一说，那年头我们见周恩来总理很便当。我住吴兴路21弄2号201室，站在朝北的房间里看淮海中路上的敞篷车，清清楚楚。因此，外国元首来沪时，我们常常能见到我们敬爱的周总理。记不清塞拉西皇帝抵沪时，是周总理还是李富春副总理陪同的了，我反正是见到塞拉西皇帝了。塞拉西皇帝真是标准的黑兄，墨黑墨黑。看见塞拉西皇帝那天，我上中班，不一会就被煤灰染黑了。大家戏称我是"'赛'拉西"。本来称我"黑皇帝"，可是，当时正在反封资修，皇帝名声不好，因此，他们在叫一声"黑皇帝"以后，马上改口叫"'赛'拉西"。

尝过煤灰味以后，转到五区的外轮上装卸货物。我先是被分配在冷仓。冷仓很冷。码头借给我们棉袄、棉裤、棉帽、棉手套，我们自己再加个口罩。不冷了，带来的是行动不方便了，搬着20公斤重的冻蛋，活像企鹅走路，摇呀摇的。更好笑的是彼此见了也不认识了，只有仔细观察对方的眼睛，才能分辨是谁。

在冷仓还有一个难题，那就是要爬七八米高的悬梯。所谓悬梯，就是上头固定、下头不固定的梯子。你一蹬，悬梯像荡秋千一样向前跑。梯子一跑，人的姿势便变成背朝地，更难爬了。我练了好几天爬悬梯，才学会"平步青云"。

两个码头干过以后，我们又换了码头，去了商业局的仓储公司真如装卸站。有次卸货车里的山芋干，没想到卸出了一个正在酣睡的儿童。他没钱买火车票，便爬上货车来上海。

在铁路上装卸时，有三位师傅令我难忘。一位外号叫"千斤顶"；一位外号叫"压不死"；还一位外号叫"大力士"：他们是主力。遇到不便于两人抬的大件时，他们便一个人上。三百斤重的东西他们也能扛起来。至今，每当唱起"咱们工人有力量"时，不知为什么总会闪出这三位的高大形象。

装卸，在当时"破旧立新"的口号喊得震天响时，码头领导要求我们：卸掉旧思想，装上新思想。这话在今天看来也不能算错，问题是：什么是新，什么是旧，难以界定。旧瓶装新酒，新瓶装旧酒的事，常有发生。

梭——大梭——无梭
——在许多家纺织厂劳动

纺织业在上个世纪70年代是上海的重头。因此，我们先后去国棉一厂、二厂、三厂、二十一厂、二十八厂、毛巾厂、色织厂、织带厂、绢纺厂、印染厂等二十来家工厂劳动（唯独没去王洪文的国棉十七厂，不去不是因为我有什么深谋，主要是觉得以不沾为妙，况且也没听说十七棉有什么技术革新。）面对织布梭，深感小学时莫名其妙地跟着老师用"光阴似箭，日月如梭"来形容快速，还真有点道理！

在纺织厂当挡车工，跟着二三十厘米高的织布梭来回穿梭，累得很！上一个班合计要跑几十里。在纺织厂我始终没有独立工作。开头是跟着师傅两人挡一车，后来是与师博两人挡两车，实际上绝大部分工作是师傅干的。主要问题是我手脚太笨,接线头太慢。

梭有大小,在北新泾一家地毯厂劳动时,看到七八十厘米高的梭子,在二三十米长的地上来回走动,大为惊奇。也许是嫌大梭笨重吧,他们试验起针刺植绒来,不再用梭。不过从全厂来看,还是大梭与无梭并用。

后来,我们又到了无梭织布的工厂劳动。没有梭,是靠喷气把纬纱吹过去的。吹过去以后,难以再吹回来,只得把线切断,以便从头吹起。因此,无梭织布的缺点是布的两边有点毛,没有有梭织布包得那样整齐,可是,劳动生产率提高了。从有梭到无梭无论如何是一大突破。

不仅有无梭织布,而且有无纬布,甚至还有无纺布。边劳动,边思考:技术的发展不能只搞加法,有时也得来点减法,或者除法。从简单到复杂是进步,从复杂到简单(高级的简单)也是进步,可能是更大的进步。只会搞加法,似乎也是形而上学。

劳动也是求知的能源
——在中国最大的发电机旁劳动

闵行有家上海电机厂。"文革"前,震动世界的双水内冷发电机就是从这里研制出来的。上世纪70年代的厂党委书记向旭,是原华东局宣传部的办公室主任,他在1965年接待过中宣部长陆定一。1966年陆定一成了"彭罗陆杨反党集团"的老三,那么,这位接待过陆定一的人,也在劫难逃。经过七斗八斗之后,看他历史上没有疑点,便被结合进了这家大厂当书记。在一个秋末冬初的季节,我来到了上海电机厂。作为多年顶头上司的向旭十分欢迎我俩来劳动。他吩咐厂办的高文奎(几年前还是上海市委副秘书长),为我找了张小床,借给我被褥,住了下来。他要我去总装车间劳动。总装车间技术性很强,我做不了什么事,只能是绕绕线圈,帮师傅打打下手,递递工具什么的。

总装车间的工人,不论老中青,技术水平都很高,其中有不少比电机专业的大学毕业生水平都高。电机由锭子和转子两部分组成。当时正在试制中国最大的30万千瓦的双水内冷发电机，长有两三米，直径有一两米。电机里有没有毛病，老师傅拿个螺丝刀，顶在表面上，耳朵贴在螺丝刀柄上，一听就听出来了。隔皮猜瓜，怎么猜的那么准确啊！

我去劳动的时候，30万千瓦的双水内冷发电机快要成功。我劳动了半个多月以后，开始试制60万千瓦的双水内冷发电机。从东北运来一个像大象身子那么大的转子。面对这么大的转子，想想中国又一个最大的发电机即将诞生，天天处于兴奋之中，忘记了疲劳和辛酸。

这么大的转子谁都没见过。在这个庞然大物面前应该注意什么，大家都没思想准备。车间里有位老工人，叫阿秋。他是一位活泼而又老实的人，技术上不是工程师，胜似工程师。有一天，他扛着个长铁棍，从大转子旁边走过，自言自语地说："不要开玩笑！不要开玩笑！"边说边向后甩手。我们在旁边看了发笑：大家离你好几米，没有人给你开玩笑呀！

既然没有任何人跟他开玩笑，他干么有开玩笑的感觉呢？原因是：60万千瓦的双水内冷发电机的转子转动时，产生巨大的磁场。阿秋无疑是懂得这个道理的，因此，他与转子保持了两三米的距离，他以为这样就没事了。谁知大转子的磁场所产生的吸力超过了他的想象。他保持的距离不足以离开磁场。磁力把他扛的铁棍向下拉，让他扛不动，他就以为后边有人在跟他开玩笑……

上海电机厂在研制60万千瓦的双水内冷发电机时，还研制磁流发电。我都看见了磁流发电点亮了好几个灯泡。现代人离不开电。能从多方面给人以电，该多好啊！

与发电机配套的是汽轮机。为了了解汽轮机，我在电机厂劳动一个月以后，来到了电机厂隔壁的汽轮机厂。这里的负责人也是我的另一位老领导张锦堂，以及我们干校军宣队的队长霍敏。他们先陪我参观，再安排我下车间劳动。

电是动力。我坚持劳动的动力来源于电，来源于让更多人能用上电。

电是能源。为能源而劳动，也是在劳动中求知的能源。

人脑的延长
——在计算机厂劳动

20世纪70年代，工业的前沿可能要数电子工业了。作为电子盲，我与宗寒怀着几分好奇、几多神秘，持《解放日报》介绍信去了上海市仪表局。局生产组负责人和张工程师向我俩介绍了电子工业概况，然后建议我们先去元件五厂、十八厂、十九厂，再去上无一、三、四厂，最后去十三厂，即计算机厂。

元件五厂是生产锗管、硅管的。到了五厂才知道，这厂址就是当年我们上海社科院学习室隔壁的青年报社。我1960年大学毕业后工作的地点在陕西北路186号。当时常就近给《青年报》理论版写点"豆腐干"文章。1960年底或者是1961年初，《青年报》的老史和老包告诉我，他们要搬了，这里要让给保密厂。噢！现在知道了，原来保密的就是半导体。老《青年报》这地方是五厂的拉单晶车间。在这里劳动要穿白大褂，很干净，但并不轻松，要求又高又严。第一道工序叫提纯。来来回回无数次，把杂质集中在两头。去两头，留中间，就纯了。纯度高达五个九、六个九。第二道工序叫拉单晶。这拉，可不是拉拉扯扯的拉，要把温度与速度配合得恰到好处。一小时只能拉5厘米，慢得很。花很长时间才能拉出一根胡萝卜大小的单晶硅。第三道工序叫切片。把"胡萝卜"切成片，一片只有1毫米，比铜钱还薄。半导体之所以称半导体是因为单向导电。依电阻不同，让其处于导与非导之间，一开一关，开开关关，用"0"与"1"两位数来千变万化。接下来的工序是研磨、清洗、光刻、磷硼扩散、再切、点丝、封装……这些活儿我都干过。当时元件成品率只有百分之一二十。假如用这些元件做成一台类似今天最普通的手提电脑，体积恐怕要比家用冰箱大得多。

当时，电子行业开始研制集成块。所谓"集成块"，就是把十几、几十个两极管、三极管集合在一个硬币大小的"块"上。这样，不仅能够提高运算速度，而且可以大大缩小体积。接着，我们从五厂转到上无十九厂劳动，试制"集成块"。试呀！试呀！正品率也只有百分之三四。芯片在当时价值连城。一个两极管值13元。含有几十个两极管的集成块在今天也还相当珍贵，可那时候，我把它用来当书签，因为是废品。把废品放在书里，让废品提醒自己：我们中国人说什么也要把大面积集成电路造出来！不试成功，誓不罢休！

接着到生产电真空管、可控硅管的工厂劳动，最后，我俩到了位于静安寺的十三厂。在十三厂第一次见到了中国人自制的计算机。总工程师曾复，带我们边看边讲计算机原理。然后，安排我们干了几天点焊，后来又叫我们穿磁芯。曾复说：磁芯就是脑细胞。人有几百亿脑细胞，要让计算机仿人脑，要多少磁芯啊！磁芯大小像绣花针的针眼，把一根线穿进去可难坏了我。工人一秒钟穿一两个磁芯，我60秒钟也穿不了一个。

现在，人们手机里的芯片，相当于我们那时候的比鼓还大的磁鼓。那时每秒运算百万次，彼此弹冠相庆；今天运算上亿次，也没什么稀奇。

电脑是人脑的延长。电脑有时能做人脑不能做的事，但是，电脑绝不可能从总体上超过人脑。现在有些人过分依赖电脑，说不定会导致人脑退化。还有人宣扬电脑恐怖，作为三十多年前在十几家与计算机相关的工厂劳动过的人，我想大可不必谈电脑"色变"。万事万物都有二重性，电脑也有二重性。要相信：人有本领驾驭电脑的二重性。人能制造电脑，人也能制服电脑。互联网把地球上的人一网打尽，真正实现天涯若比邻。

点点滴滴

我在"文革"中还到一家化工厂劳动，见过中国的"居里夫人"们造出的那种镭。我还在生产导弹的厂里当搬运工，睡过尚未安装仪表的导弹壳。1975年仲秋，我来到制造大飞机的5703厂劳动，抚摸过与波音飞机一样大的一比一的木制飞机模型。我还在产品出口的杨浦香料厂劳动过。没想到香料厂的大部分车间是臭不可闻的。只有成品车间是香的。从成品车间下班回家浑身上下都是香的。在那个年代，人不能涂香。涂得香喷喷是"资产阶级生活方式"。因此,我出厂前要用湿毛巾从上到下拍打一遍,把香味除掉。我还在没有原料的化工厂里劳动过,因为他们的原料是空气。我还进过炼金车间。他们的产品,每天傍晚用武装直送银行金库。不过,我没有资格在炼金车间干活,只能在它的兄弟车间劳动。

作为一个大学毕业后一直在上海社会科学院学习室读书,在中共中央华东局政治研究室学习组读书的我,作为一个已经养成三天不读书就浑身不自在的我,是多么的想读书啊!可是,在那年月人家不让你读书,你又有什么办法呢?劳动苦,临到头上只能苦。怕苦也不是条汉子。苦也是练。苦练嘛!学会了化苦为乐,便能够苦中作乐。乐在以工厂为学校,乐在以车间为教室,乐在拜工人为老师。

劳动可以转化为读书。在百家行业劳动等于读百家书。边劳动,边悟一悟技术发展的辩证法。后来我又从技术辩证法,走进了自然辩证法。一直到"文革"后,我还担任过《中国百科年鉴》的自然科学组组长。后来,担任了社会科学组组长,编制仍留在自然科学组,因为我留恋科学,热爱技术。

十一、顶替小朱进了自然科学

小朱的被捕促成了我的改行

　　1970年,从五七干校出来,便很高兴地拿到《解放日报》发的一张"解放日报工农兵通讯员学习班·临时采访证"。具体任务是参加经济大批判。不批不知道,一批就知道要把"文革"前的经济理论翻了个过,等于在批自己,等于在批自己的老师,下不了手。于是,我们就绕道前行,着重抓经济领域的技术革命,这就是上一篇所提到的采写"四新":新技术,新工艺,新材料,新产品。1970年参与撰写了《技术发展的辩证法——上海纺织工业是怎样改造旧设备的?》和《有了毛泽东思想能突破电子工业"禁区"——上海手工业系统发展电子工业的调查》等文章(收在《邓伟志全集·科普卷》)。这哪里像批判呢?领导也不是傻瓜,他们看出我的心思,尖锐地指出:"你的问题是脱离实际,要下去。"1971年3月下旬正式通知我:"回五七干校。"其实这时我已经够"左"的了,领导还嫌我不"左"。我二话没说,表示把手头工作交代一下就回五七干校,只字不提家里的困难。

　　出乎意料的是,一两天后,领导突然问我:"你搞自然科学怎么样?"我说:"我中学喜欢自然科学。因为中学语文老师鼓励我报考文科,又说我有当外交官的风度,我便飘飘然报了外交学院,谁知外交学院不收应届生。我被调剂学经济。为此,班主任深表遗憾。"我答应搞自然科学后,领导立即通知我,下午去位于圆明园路的《文汇报》社6楼自然科学组开会。

　　在自然科学组开了半天会,总结过去,计划未来。会上听说,这个组的主要任务是为毛主席推荐自然科学名著,毛主席对送去的书还有批示,我倍感光荣。本来我内心里想的是"偷安",因为"文革"以来,我觉悟到一点：搞自然科学安全，搞社会科学危险。如今是为毛主席选书、写摘要，那不仅是安全，简直是进了特大型保险箱。再看看自然科学组三位成员：一位是我大学的纪老师，文笔极好，连一些大秀才都佩服他。1965年一位中央政治局候补委员在上海研究工业革命问题，我这位老师被派去协助，为这位政治局候补委员所器重。再一位是在中国人民大学读过八年哲学的满腹经纶的老学长。还有一位是复旦大学口才、文才俱佳的才子小朱学长。三位都是我所崇敬的，我喜欢上了这环境。会议快结束时，自然科学组领导亲切地说："小邓啊！你和小朱是一个档次，可是小朱比你来得早，让小朱带一带你可不可以？"我连说了几个"好"。真是再好不过了，我确实不熟悉，自然科学不熟悉，自然科学界不熟悉，连在《文汇报》有这样一个自然科学组也是刚刚知道的，没人带带怎么行呢？小朱也很喜欢收我这个徒弟。他连忙向《文汇报》借来了席子、被子，为我铺好。两人一张双人床，他下铺，我上铺。晚上大家又一直谈到吃夜餐。23点多了，自然科学组的领导要去"康办"。当时由北京东路通到徐家汇的15路和26路的末班车都没有了。于是，由常同《文汇报》打交道的小朱向《文汇报》社要了一部轿车，送自然科学组领导回康办。然后，我们四个人就挤在自然科学组办公室对面的一间不到十平方米的宿舍里，开开心心、平平安安地入睡。

  第二天早上醒来时，我老师和学长早起来了。我忽然觉得气氛有点不自在，不自然，没有了笑脸。我反思：昨晚我说错了什么话没有？好像没什么错呀！是不是说了什么容易引起误会的话呢？想不起来。是不是今天起床太晚了？不算晚呀！是不是他们都习惯于早起，相比之下我算睡懒觉了，引起他们二位的反感？从师生关系上说，似乎也不至于如此严肃吧！为了打破可怕的寂静，我没话找话，惴惴不安地问他俩："小朱呢？"回答是："不知道。"我再也不多说什么了。吃过早饭，学着老师和学长的样子，找本书来看，不说，不笑，不走动。常讲"埋头读书"，埋头！埋头！我算体会到埋头的滋味了。大约埋头了两个小时，自然科学组领导来了，向我们正式宣布："朱某某已于今天凌晨4时被文攻武卫带走，交代罪行，接受审查。"他又说，与小朱一起关的还有《文汇报》北办（驻北京办事处）的十一个人。他本人调去担任小朱他们这个大案的专案组长。自然科学组以后改由我那位学长负责。——自然科学组领导说完就走了。可我心里久久不能平静：我的上岗是不是以小朱的下岗为前提的呢？我不忍想下去。

对"四大起源"的研究受胡耀邦称赞

不管是什么原因，我总归是从这一天起就改行从事自然科学了。这是人生的一大转折。进自然科学组的第一项任务是遵照毛泽东研究天体、地球、生命、人类四大起源的要求编写三本科普的书。经过反复讨论，既然地球也是天体，便把地球起源放在天体里来写，这是第一本。生命起源、生物演化为第二本。人类起源为第三本。三本都由我负责组织编写。第一本动工不久，我的老领导陶家祥"解放"了。我考虑他是在圣约翰大学学生物的，便建议由陶家祥编写第二本。我负责第一、三两本。在第一本编写得差不多时，1973年初，根据毛泽东的意图，要上海办一本《自然辩证法杂志》。因为杂志是要送给毛泽东看的，所以杂志的字号用了至今在刊物正文中罕有的4号字。据毛泽东身边的人在《走进毛泽东的最后岁月》等书中回忆，毛逝世时，一本《自然辩证法杂志》还放在枕边。为了探究"四大起源"之谜，需要读德国学者恩斯特·海克尔（1834~1919）的《宇宙之谜》一书。我们从书上间接知道《宇宙之谜》总结了19世纪的科学成就，批判了德国生理学家艾米尔·杜布瓦·雷蒙的宇宙没有谜底的不可知论。自然科学组组织复旦大学和已并入复旦大学的原同济大学的德语教师以及上海市社联的翻译家集体翻译。翻译出来，尚未出版时，送给了毛泽东。毛泽东立即作了批示。根据毛泽东的批示，在翻译人员集体讨论的基础上，由我执笔，经自然科学组我那学长和老师修改，在《自然辩证法杂志》创刊后的第2期上刊出。这就是《宇宙有没有"谜底"？》。

自然科学组在继续给毛泽东送自然科学书的同时，主要力量转为办杂志，成立了编辑小组，约有八九个人。与此同时，在复旦大学办了个由高中毕业生组成的文化功底比一般工农兵学员要高得多的自然辩证法专业。这批学生边学边干,也参加《自然辩证法杂志》的一部分编写工作。这时,原自然科学组领导从市革会专案办领导成员的位置上回到了自然科学组,担任不叫主编的主编。有些稿子他也要再送审。在杂志社里,我主要负责连载,偶尔要我写评论。今天看来,评论里充斥着"左"的东西。

在"文革"的后五年,我虽说是从事自然科学,离开了社会科学,但是,在"突出政治"的空气四处弥漫的大气候下,文章总是尽量往政治上拉,往阶级斗争上扯,尽量地找毛主席的话往上粘贴。虽然也有老一辈指点我如何与他们保持距离,可是并没有远离,因此,在我这几年的文章中也有不少在今天看来可笑、可悲、可恨之处,间或也有些可看、可取的地方。

从1973年起,集体编写、由我执笔的《天体的来龙去脉》、《人类的继往开来》(已收在《邓伟志全集·科普卷》)相继在杂志上发表,又由上海人民出版社出了单行本。时任中国科学院党委书记的胡耀邦看了以后,称赞《人类的继往开来》有哲理,有文采,委托古人类研究所副所长吴汝康来上海与我们交流。我受宠若惊,别人不知,自己深知自己是"墙头芦苇——根底浅"。但是"福兮祸所伏",正因为受到胡耀邦的表扬,在1976年批邓小平的"拉二胡"时,我也遇到点麻烦。不是吗?当时流行"凡是敌人拥护的,我们就要反对"。我是受"敌人"表扬的呀!怎能不引起一些人的说三道四呢?不过,编辑组是保护我的,因此株连得并不厉害。事物无不有二重性,"祸兮福所倚",正因为在"文革"中转到了自然科学,正因为在自然科学组没发到工作证,不算正式工,在"文革"后的清查中免遭了清查的厄运。

不仅如此,在1977年初便被推荐到《红旗》杂志写批判"四人帮"的文章,连春节也是在《红旗》招待所里过的,没能回家。大年初一,《红旗》的一把手王殊和驻《红旗》的一位军政委来招待所给我们拜年。

"文革"后又继续干了几年自然科学

从《红旗》出来后,1978年春节一过被借调到中科院,住在北京友谊宾馆北门柬埔寨西哈努克亲王驻地（后来作为科学会堂）边上的小灰楼里，先是参加中科院的《自然辩证法研究》的创刊工作，后来又参加了全国科协的《自然辩证法通信》的一些事情。当时能够比较及时地听到邓小平召开的有关教育、科学座谈会的主要精神。1978年3月参加了中央召开的全国科学大会的采访工作和简报工作，看到了不少中央领导，接触了，采访了很多很多中国一流的科学家，也结识了为邓小平起草《科学的春天》的林自新、吴明瑜等大秀才。从他们身上学到了真正的科学精神。在邓小平与科学家合影时，我没资格参加，但是可以旁观。有这样一个细节：邓小平在同半导体专家黄昆握手时，邓小平笑盈盈地说了句什么，黄昆伸了三个指头，接着邓小平马上伸了两个指头。他俩打的什么哑语，我们在远处是听不见的。后来知道，是邓问黄："半导体几年可以赶上世界先进水平？"黄答："三年。"邓说："两年！"科学大会后，根据会议上的争论，1978年4月我被派去调查三门峡黄河治理，轻捷地登上了一向被认为只能看、不能登的黄河中流砥柱。于是就有了收入《邓伟志全集》的《越鸿沟记》和收在《邓伟志全集·文化卷》里的《站在中流砥柱上》。5月，又被派到庐山参加两个学术会议：一个是全国地质学会召开的第四纪冰川会，再一个是全国针灸会。在庐山呆得久了，于是就有了《初识庐山真面》一文，还有与友人合写了《庐山》一书。又因为当时正在讨论真理标准问题，于光远邀请在胡耀邦领导下，最先发现、发起、发表真理标准讨论的中央党校《理论动态》的主编吴江，给我们作了次报告。我听了茅塞顿开，因此，为了突出"闯禁区"，便有意在《越鸿沟记》中强调"科学无禁区，征途无鸿沟"；为了响应真理标准讨论，在《初识庐山真面》中强调"在广泛深实践的基础上，把理论往高里提"。

搞了十年自然科学，虽然没多大作为，但是也不无收获。从消极角度讲，少犯了政治错误。从积极角度讲，学科跨度大了，享受了学科的"杂交优势"，自我感觉是满意的。

十二、忆杨振宁第一次回国

关于杨振宁1971年第一次回国的情况我本来不打算口述，可是，近来媒体上写杨振宁1971年第一次回国的情况同我所了解的不一样，在一些关节点上，甚至可以说大不一样。这就促使我借口述的机会，略述一二。

杨振宁第一次回国时，中美没有建交，没有通航。他是从纽约飞到台湾转机，再经香港来上海的。当时海峡两岸对峙，杨振宁是世界名人，他到台湾的消息是保不住密的。台湾知道他来大陆，会不会对他采取什么手段呢？他考虑再三，在台湾飞机要停好长时间，机上去香港的乘客都要下机休息。可是，杨振宁坚持不下飞机。因为飞机是美国的，台湾当局不便于登上美机采取什么行动。结果，他平平安安由台飞港。

在马上就要回到阔别二十多年的祖国的时候，他想起国内在"破四旧"，反对奇装异服。可是，这位大科学家不懂得什么叫"奇装异服"。当时正值酷暑季节，他向朋友请教后，便为自己买了两件颜色浅而又浅的短袖衬衫。

杨振宁的弟弟、妹妹都在上海，该给弟弟妹妹买点什么礼物呢？香港的朋友对他说："自行车在大陆很贵重，有钱也买不到，要凭票证买车。"于是，他买了两辆自行车带回上海。到了上海才知道，原来香港卖的这两辆自行车是上海制造的，价格却为上海的两倍。再加上托运费，那就不止两倍了。他和夫人杜致礼知道后都笑了。

杨振宁来沪是来看望病中的父亲的。他父亲杨武之是复旦大学数学教授。那么，他父亲的同事呢？在他眼里就是他的长辈。不管自己名气有多大，水平有多高，他对父亲的同事都以长辈待之。最早见到的是苏步青教授,他虔诚地叫了声"苏老师",然后深深地鞠了一躬。刚刚挨斗之后"解放"出来不久的苏老师和在场的人都很感动。

在探亲的同时,他还在上海与复旦数学家谷超豪等切磋学术问题。后来他写成论文后,主动提出由《复旦大学学报》发表。这在当时是难能可贵的。我清楚地记得,他在论文的题注中还对谷超豪等好几位复旦教师表示感谢。

杨振宁在上海做了几次报告,我不知道。我只记得我听了他两次报告,也许就这么两次。第一次,记不清是在锦江饭店(杨住锦江)还是国际饭店,亦或是国际饭店旁边的华侨饭店,好像是华侨饭店。会议由举止大方的韩仰山致欢迎词。杨振宁与夫人杜致礼都站起来表达谢意。杨讲得较长。

第二次是听学术报告。报告会依然由韩仰山主持。杨讲的题目是《美国物理学研究的新进展》。实际上他也讲了欧洲。听的大约有三十来人。我们一起去的有复旦大学物理系的蔡怀新、苏汝铿等五六个人。不知是为了保密还是为了安全的原因,杨讲学的地点好像是在徐汇区的小学或中学的一间并不很大的教室里。教室里有黑板,黑板前有一尊将近一米高的毛主席塑像。杨风度翩翩,边讲边写边走动。

走动时,好几次擦到塑像的鼻子,怪别扭的,连我们这些司空见惯的人也觉得不好意思,可是谁也没说一个"不"字。杨振宁教授还几次拿出当时在上海只有电视台拥有、私人一般不会有的摄像机,为大家录像。

杨振宁夫妇在上海大约待了一个月,他父亲的病情基本稳定,他该回美国了。按照咱们的新闻规矩:到来时保密,离开时报道。报道少不了有个称呼问题。口头称呼什么,没太大问题,反正大风刮跑了,登上报纸那就不便多改口了。因此,有关人写好几百字的稿子以后,交杨振宁改定,明确问他:"怎么称呼为好?"

杨振宁看完后,拿起笔来就加标题:《美籍中国物理学家杨振宁博士回沪探视父病》,第二天就刊载在《解放日报》头版左下。很多人看了为之动容，好就好在"中国"二字。他已入美国籍，我们怎么好随便讲他是"中国物理学家"呢？他自己这样写了，那就好办了。杨是1949年以后第一位回国探亲的美籍华人学者。他这一举，对后来者，比如林家翘、李政道等大学者都是个很好的启示。

说到这里应该收尾了，然而，有个故事不讲憋得慌。中国电影家协会主席李前宽亲口对我说，他有次请杨振宁在小范围看一部电影。其中有这么一段情节：周恩来派物理学家张文裕到监狱去看望战犯杜聿明。张问："你是杜聿明吗？"答："是。"问："你有个女儿叫杜致礼吗？"答："是。"问："你女婿是杨振宁吗？"答："我对不起他们……"杨振宁看到这里，"哇"地一声当众号啕大哭起来……

杨振宁为什么要哭？是不是研究物理的也懂心理呢？我这题外话是不是称得上题内的延续呢？

十三、沿着铁索桥走向民族理论

第一次住在壮族家中

从1976年起，我在广西、贵州、云南接触了一些少数民族以后，一直对民族问题有浓厚兴趣。我读过二十来个民族的简史简志。上世纪80年代又接触了甘肃、宁夏、海南、新疆、东北以及台湾的一些少数民族。进入21世纪以后，又接触了一些发达国家，尤其是发展中国家的七八十个少数民族。我用"接触"二字，是说明没有深入研究，只了解了一点皮毛。不过，没有深度，尚有广度，因此，民族问题常常萦绕在我心头。

1976年春，我与徐永庆、朱长超，为了躲开"批邓"，在《人类的继往开来》一书出版后，我们提出考察古人类遗址，第一站先到广西，再到贵州，最后去云南。

在广西，看了十万年前的柳江人以后，又去看了位于柳州市社冲公社楞寨山的巨猿洞。

长期以来，中外专家都认为中国无巨猿。可是，1956年，柳江有个农民无意中发现了巨猿化石。他上山打猎，射中了山顶上的一只野山羊。这农民亲眼看到被他打中的山羊向下滚，滚着滚着就不滚了，停在高处。到手的山羊不见了，这位农民大失所望。上去找吧！下边的60米好爬，还有30米高的陡壁无法上去。农民就回家叫弟弟帮忙。向阳面的陡壁上不去，他俩就从山后绕来绕去慢慢爬了上去，在山顶发现山羊掉在一个山洞的洞口里。他俩去拿山羊时，出乎意料地看到洞里有很多"龙骨"（即化石）。他一会儿就拣了一担，第二天去卖到供销社。再过几天，他又挑了两筐龙骨去卖。龙骨是稀有的，这农民怎么这样便当取来那么多龙骨？再说供销社也没多少资金买龙骨,便对他说:"你这不是龙骨,我们不买。"老头想,既然不是龙骨,不值钱,那也不必挑回家了,就随便倒在附近的小河边。

哪知,他卖出的那一担,辗转到了中国科学院古脊椎古人类研究所手里,科学家们认定那就是巨猿化石。如果这巨猿化石出自于中国,便富有说服力地打破"中国无巨猿"的旧说。科学家们刨根问底,找到了柳州社冲供销社。供销社通知那农民所在生产大队大队长:"上边来人找他。"在阶级斗争这根弦绷得紧又紧的时候,大队长一听"上边来人找他",吓了一跳。这农民是最老实的农民,会出什么事呢?他三步并成两步走,见了他就问:"你最近干什么坏事了?"老农民回答:"没有!"

"没有?为什么上边来人抓你?"队长问归问,可他内心相信这老农民不会干坏事,便马上补一句:"你赶快躲起来。我向上汇报就说没找到你。"老实的农民说假话总是不像,中科院来的人看出苗头,反复讲明来意。大队长知道真实情况后,便把巨猿发现者领到科学家跟前。科学家问这位农民还有一担化石呢。老农民带科学家到了小河边。科学家如获至宝地把水里的一担化石捡起来,像包装珠宝一样包好。告别时问老农民:"你这么辛苦,我们应给你多少报酬?"老实的农民说:"我们布票紧张,你们随便给我点布吧!还有,儿子上学付不起学费,你们如果能再帮助付个学费更好。"中科院一一照办,报酬大大超过老农民的要求。然后,花半个月的时间,在30米高的陡壁上搭起脚手架,从巨猿洞里共发现3个巨猿下颚骨和1 000枚单个牙齿,是迄今世界上发现巨猿化石最多的山洞。另外,还有很多共生动物的化石。巨猿是个庞然大物,它曾与早期人类"比邻而居",一起度过了一百万年的时光,堪称"人类的表叔",直到十万年前才彻底灭绝。

上述情况我们过去知道一点,远没有现在详细,出于对科学的热爱和追求,我们提出去拜访这位老农民,也想进巨猿洞看看。巨猿洞离城区20公里,附近没有旅馆。我们一行"三加一"人,便住在壮族人家中。山区吃鱼困难,壮族兄弟以鱼待客为高规格,房东亲自出门打渔招待我们,令人感动。要进洞,像科学院那样搭脚手架上去是不可能的,一没时间,二没经费。我们就请民兵早早地从后山上去,然后由民兵放下一根粗绳,一根细绳。粗绳是供双手抓住向上攀缘用的,细绳是系在腰间的,如万一失手,民兵把细绳一提,我们就不至于落地丧命。最不怕苦的朱长超第一个上,为我们做出了示范和榜样。我第二个上。老徐是我们三人中最年长者,他第三个上去。我们在巨猿洞里比在摩天楼里还要心旷神怡。我们在巨猿洞里犹如走进科学会堂。这全靠壮族兄弟的智勇双全给我们提供了这么好的考察机会,今天回忆起来历历在目。感激壮族兄弟!热爱壮族兄弟!

过激流,走铁索桥,爬猴子路

离开柳州以后,我们三人都很兴奋。接下去的目标是贵州黔西南猿人洞。火车路过都匀时,很多苗族姑娘手持映山红,边嚼映山红边上车,给了我们新鲜感。到了贵州,去黔西南,见了很多布依族人。

再到云南元谋。元谋猿人是两位修铁路的技术人员无意中拣到两颗牙齿而发现的。这一发现把人类起源的时间提前了一百多万年,跟肯尼亚的猿人差不多同时。在元谋,我们走了一段红军路,还下到了金沙江里洗了个澡。为了看猿人,结果沿途看了很多傈僳族兄弟。5月16日那天,到了禄丰,与正在发掘禄丰龙的中科院的同行会师。在禄丰同彝族兄弟同吃同住。——为什么对"五一六"这个日子记得牢,因为到了禄丰,听到播送作为"文革号角"的《五一六通知》发布十周年,心里烦得很。正好在禄丰听到了蝉鸣。5月中旬听蝉鸣,这在上海是不可能的。我们三人私下讲,《五一六通知》十周年的广播还不如蝉鸣好听。

云南在几十年前还存在好多处于不同社会发展阶段的民族。因此,有人说,云南全省就是一个人类史的博物馆、社会发展史博物馆,可是云南还有缩微的省立博物馆。听了省立博物馆的介绍后,我们决心要到位于中越交界的云南金平县的苦聪人那里去。苦聪人有语言,没文字。过去苦聪人都不穿衣服,被周围的人称为"野人","苦冲人",意思是:"从痛苦的山冲里下来的人。"周恩来的民族平等意识很强,他认为称"苦冲人"不好,提笔改为"苦聪人"。说他们聪明也真有聪明的一面。1975年北京全运会有个项目,叫"跋山涉水"。苦聪人拿了个冠军。邓小平设宴招待全运会获奖者,苦聪人就坐在离邓小平只有几米远的桌上。

真要到苦聪人聚居区是很艰难的。先坐小火车,再坐汽车。到了金平县,再往前走,便只有骑马了。在县城,忽然碰见《五朵金花》作者王公浦同志。他给了我们很多指点,说,拍《摩牙傣》电影的演员就到公路的终点,没能骑马前行。要见苦聪人,没汽车也得走。我们三人分别跃上三匹马。陪同的人不愿骑马,要步行。骑马,对我来讲,并不难。我从小骑过小毛驴,偶尔也骑马。骑马奔驰的经验有一点。哪知,在奔向苦聪人的路上,只能走马,不能跑马。因为是山连山,是在十万大山里骑马,随时要准备悬崖勒马。马不停蹄是可以的,要纵马扬鞭是万万不行的。有次,马失前蹄,惯性把我从马头上甩进陡坡。我在往下滚的时候,心想:完了!过一万年后我的骨头就成化石了。幸运的是,陡坡上的一棵小树把我挡住了。我慢慢抓住野草爬了上来,双手被荆棘刺得多处流血。

再往前走,要披荆斩棘,荆棘会刮马的肚皮,马不肯走,我们只得步行。过去写文章,很喜欢用"披荆斩棘"四个字,可是作为从来没有披过荆、斩过棘的我,写起来轻飘飘的。如今真要披荆斩棘了,方知披荆斩棘之痛苦。在亚热带雨林区披荆斩棘,还要苦上加苦。这就是既要防荆棘下的毒蛇,又要防荆棘上的蚂蟥。毒蛇我们见过几次,可是陪同的同志告诉我们:毒蛇怕人,只要不踩它,它一般不会咬人。蚂蟥则不然。长江两岸的蚂蟥生在水里,雨林区的蚂蟥会上树。在披荆时,蚂蟥会神不知、鬼不觉地爬在我们衣服上,再从衣服上进入皮肤。好在我们同去的"3加2"五人都是男性。每走一二十分钟以后,我们会找个空地,把衣服脱下,彼此看看有没有蚂蟥附身。有,就猛击一掌,把蚂蟥打下来。

风雨兼程,走出了雨林区,我们轻松多了。可是走铁索桥怪可怕的。那铁索桥不是今天公园里的铁索桥,而是红军长征时过的那种铁索桥。总共四根铁索链：下边两根,是供左右两只脚踩的,上边两根是供左右两只手抓的。问题是下面不是万丈深渊,就是洪水滔天。当地的少数民族过铁索桥如履平地。我们却不行,要慢而又慢地往前挪步。有铁索桥还是好的,没有铁索桥便只有下水了。我们过的两次激流并不深,只是坡度大,水的冲力也大。当地有句话："过不好,就要去见胡伯伯了。"意思是,激流会把人冲到越南去。当地还真有人被冲下去,冲得半死不活。不过,他们有办法,那就是把人横在水牛背上,肚子贴着水牛的脊椎骨,身子在上,头朝下。这样,一是利用水牛的体温为刚从水里捞出的人取暖,二是头朝下把喝进的脏水一滴一滴流出来。我们过激流,有兄弟民族关怀,安全得多。他们留一人抓住绳子的一头,另一人带着绳子过去,然后拉直,让我们沿着绳子的上游从水里走过去。奇怪的是,绳子不是选择最短的距离,不与河岸成直角,而是斜着拉的。斜着拉意味着在激流里多走很多路,多呆很多时间。陪同我们的拉祜族兄弟解释说："斜着走,距离长,冲力小,速度快;垂直拉,顶住冲力走,万一抵挡不住冲力,就会被冲下去。"

过了激流,开始爬陡坡。坡度不罕见,但是太陡,不可能直立行走,只能爬行。因此,他们称这一段路叫"猴子路",意思是：只有猴子能走这样的路,人是不能走的。爬过去以后,累得满头大汗。坐下来喘喘气时,陪我们的金平县的同志讲了个故事,他说他有次陪省报总编,就在这猴子路上头,我们现在坐的地方,总编说："以后你们的稿子来了,我们就采用,决不再批示：'请补充一下……'因为我知道了,你们的'补充'就是这样爬着补充的。"

接下来的山路,除了石头是障碍物以外,很少再有其他障碍物。离公社所在地还有110华里。在两天里,怎么走这110华里？按照我们的头脑很简单,每天走55华里最均衡了。哪知陪同的说："不行,第一天走70华里,第二天走40华里。"为什么？因为在这110华里中,只有一个村庄。如果第一天赶不到70华里的村庄,只有住在树上了。哪知我们走到黄昏时,还没走进村庄。而且,我们走到了哪里？说不清楚,因为山路都是一样的,没有路标。还要走多少路可以到达村庄？我们不知道，陪同的也不知道。难道今夜真要住在树上了吗？大家都不作声，闷声不响地往前走，走啊，走啊！忽然听到狗叫声。五个人不约而同地说出一模一样的两个字："到了！"狗，为我们传递了信息。

到了苦聪人居住的公社，仍然看不到苦聪人。那里一个公社的面积相当上海过去的一个县的面积。到苦聪人聚居的"六五新寨"、"六六新寨"还有一段路程。为什么叫"六五新寨"、"六六新寨"？因为，苦聪人以游牧为生，世世代代没住过房子。不下雨，他们就光着身子活跃在深山老林里；下雨时，他们就以一棵树的树干为柱子，搭上些芭蕉叶，在芭蕉叶下睡眠休息。政府知道有这样一批民族兄弟，便派解放军去找他们，找了两年都没找到。有时看见他们在树上，可是等解放军走到跟前时，他们已从这棵树上跳到另一棵树上了。亚热带雨林区多是阔叶林，苦聪人用几片树叶一遮，解放军就看不见了。后来，解放军的一片苦心、好心，感动了嫁给哈尼族的苦聪妇女。在这位苦聪妇女带领下，到大山深处一唱、一吆喝，苦聪人在树上"夹道欢迎"解放军。这苦聪妇女唱的是：解放军是好人，不用害怕……

可是在解放军找到了苦聪人以后，苦聪人依然以游牧为乐，不肯定居。经过十多年的说服教育，示范演习，直到1965年、1966年他们才肯住进政府为他们建筑的"六五新寨"、"六六新寨"。不过，在我们1976年去的时候，他们告诉我们还有一位男性苦聪人不肯定居，一人漂泊在外，只是过节的时候会回来团聚几天。

在"六五新寨"、"六六新寨"我们碰到的第一件新鲜事是拉弩。苦聪人过去是物物交换。他们把自己的编织，以及猎物放在路口。路人一看就明白是苦聪人交换用的，然后放点盐，放点铁锅片，就可以把野鸡野羊取走。盐、锅片放多放少没关系，如果一点不放，对不起！会被弩立即射上"西天"。弩是苦聪人的生产工具，也是护身的武器。到"六五新寨"、"六六新寨"县里派给我们的翻译已无能为力了。县里帮我们找了个拉祜族的翻译。拉祜族的翻译是一位身强力壮的四十多岁的生产队长。在"六六新寨"接待我们的是一位苦聪人的氏族长,七十多岁。拉祜族的队长见旁边有一把弩,拉了几次没拉满弓,氏族长拿过来一下拉了个满弓。我们大为惊奇:氏族长的力气怎么这样大?

接着,氏族长介绍他们的钻木取火。让我们懂得钻木取火的方式有三种,让我们懂得钻木取火之艰难。正因为艰难,下雨的时候保存火种就是个大问题。苦聪人是如何保存火种的?打个比方,就像我们女排拿到冠军以后,全体队员抱成一团那样。不同的是,苦聪人用身体搭起的"人篷"下面是一团火。火会烧人,这是常识。谁在"人篷"下面,换句话说,谁最贴近火种,谁最容易被烧伤。那么这个人是谁?不是别人,是头人,是氏族长。说到这里,氏族长拉开衣服,让我们看,氏族长胸部、腹部一个伤疤连一个伤疤,一个伤疤叠一个伤疤。我们看了心疼。用现代语言讲:苦聪人的干部才是真正的吃苦在先的带头人。

氏族长再带我们看学校。他们有一所小学。学生有上百人。从一年级到五年级都有。那老师呢?只有一位从昆明来的汉族高中生。数学教师是他,语文教师还是他,音乐教师是他,体育教师也是他,从一年级到五年级的班主任都是他,校长、副校长还是他。他不仅在学校是全职教师,他还是人民公社生产大队的大队会计。学校的设施,不用说,同内地无法相比。但有一点,远远超过内地。那就是,所有的学生都有一把笛子。每个学生都会吹出动人的笛声。苦聪人那里到处有竹子。校长会做笛子,结果就是每人发一把笛子。

在"六六新寨"我们听了苦聪人的小合唱。我们准备好照相机为他们拍照。他们唱道:"我们没有吃过一粒米,我们没有穿过一件衣,我们没有用过一头牛。天上阴森森,地上湿淋淋……"我们拍不下去了。因为上海造的海鸥牌相机是要低着头对镜头的。泪水滴在上面,看不清。换第二个人照,还是泪眼模糊,换第三人……听着这样的歌词,谁能不难过呢?歌声像针一样刺痛着我们的心。

再一个罕见的事情是，不仅"六五新寨"、"六六新寨"，就是整个金平县，都不搞内地这样的"文革"，不搞斗批改。他们坚持正面教育。这些我们最能听得进。我们做梦也没想到"文革"中还有不搞人斗人的地方，实在是太平。听到这里，我们不禁问了一句："为什么？"县里、公社里的同志说："苦聪人也不是个个都好，过去也斗过苦聪的坏人。县里来人布置斗苦聪的坏人。苦聪人不得不斗。哪知斗争会变成了苦聪头人布置逃跑的动员大会，反正县里的人听不懂他们在说什么，还以为是在按他们的指示真的在斗，颇为得意。哪知次日凌晨四点钟，县里人睡得最甜的时候，听见猪叫、狗叫。县里人以为是苦聪人早起'赶摆'（即到集镇上买东西），没当回事，继续睡大觉。第二天起来一看，全寨不见一个苦聪人，都翻过山，跑到国外去了。"这个教训很惨。惨痛的教训告诉我们对边疆的少数民族不能搞内地那样的斗争。

凡此种种，留给我很多思考。

对民族问题的六点初步认识

2001年春，中央统战部在北京为民主党派办了个学习班。在这个班上，有好几位中央领导同志到会讲话。由于会前有人向中央领导同志讲起"让小民族先富"的新鲜见解，因此，会上有好几位中央领导同志都提到"让小民族先富"的说法。我认为这是一个不切实际的建议，便给中央领导同志写了封信。

我在信上写道："我考虑再三，坚信这一美好的说法行不通。""同一座山，大民族在山下，中民族在山腰，小民族在山顶。""'要致富，先修路。'而要达于小民族，必先经过大、中民族。这决定了各民族只能是手拉手地走上共同富裕之路。"

哪知这封信发出不久，那位提倡"让小民族先富"的权威人士很不高兴，这是我始料不及的。下面讲议政时，我会讲到我替苦聪人说话会招过的故事。没想到，不替小民族说不现实的话，又得罪人。"没想到"，这本身是自己头脑简单,没水平的标志。

在民族问题上的左右为难,促使我对民族问题的思考。

世界上二百多个国家和地区。就在这二百多个国家和地区当中,有二千多个民族。平均一个国家有十个民族。全世界人口上亿的民族只有七个。那就是说,各国都有中小民族。千百年来,仅仅是因为民族的差异,导致出许许多多恩恩怨怨。千百年来,也因为民族间的和谐而繁荣昌盛。

在两千个民族中,中外加起来,我只不过碰到过百余个。通过与他们接触,我对民族问题的初步认识有以下几点:

一、因为有文化差异(包括血缘、语言)才分化出这么多民族。有差异就难免有矛盾。这就要求任何国家的政府、任何民族的代表者都要学会处理好民族关系。

二、不同民族的并存,有的也意味着不同民族处于不同的社会发展阶段,不同的科学技术水平,但是要看到进化无不伴随着蜕化,优中有劣,劣中有优。因此,从根本上说,不同民族之间应当互相学习,取长补短,互利共赢。

三、从历史长河来看,世界上有不少民族有由先进变落后的历史,也有由落后变先进的历史。这就要求所有的民族都要谦虚谨慎,不断进取。强大而不强人所难,弱小而不弱不禁风。先进帮后进,后进赶先进。

四、民族之间是不均衡的。这种不均衡性是产生不平等的土壤。因此,愈是不均衡,愈是要提倡平等。在一个历史切面看,不均衡是巨大的;站在历史角度放眼看,民族间的不均衡微乎其微。从体质人类学上比较,不同民族,乃至不同种族都处于同一进化阶段。

五、不同民族所处的自然环境,包括脚下的矿藏各不一样。不能因为忽然发现脚下有了什么致富之物,就割裂历史形成的现实,或者是抛弃与其他民族世世代代建立的友谊与和谐。

六、不同民族有不同信仰。要尊重兄弟民族的信仰,哪怕是落后的信仰,也要予以尊重。对落后要引导其向前。

十四、无报不转载的短命文章

整装待发

1977年5月4日中共中央机关刊物《红旗》杂志第5期发表了《从历史反革命到现行反革命——评张春桥的反革命道路》一文,新华社转发,各报转载,连一些地级报纸也全文转载,或摘要刊载,影响可谓大矣!可是,没有多久,没有哪本批判"四人帮"的集子里再收这篇文章了。当然,也没有任何人对这篇文章说个"不"字,更没什么人对我邓伟志说什么。因为,文章作者的署名是"中共上海市委大批判组",谁也不晓得我是作者之一。三十多年过去了,别人不说,我自己不能不做出反思,不能不从这篇文章的写作过程中引出些教训来。

"四人帮"被粉碎后,在当时情况下,对江青有个投鼠忌器的问题,只能批《红都女皇》;对王洪文,名"洪文",实无文,不值得一批。因此,重点在批张、姚上。在张姚二人中,以批张为先。秋末,中央工作组车文仪交给写作组的一项任务就是批张。参加的有复旦、华师大、社科院的七八位学长,其中有位年长者,名字忘了,只记得高个子。由于我们对张不了解,写作过程中,不断转来老同志的揭发材料。看了揭发材料,增强了对张春桥的仇恨,他是"四人帮"当中最阴险、最恶毒的。他治学无方,整人有术;他顺我者昌,逆我者亡;他整肃老干部眼睛都不眨;他挖苦学者不留情面;他对付群众敢下毒手;他官小时尚有点规矩,权大以后头脑膨胀,横行霸道。

在上海这篇批张的文章有了眉目后,《红旗》杂志社跟市委打电话,催促派两人在元旦过后,带着初稿,驻《红旗》,按中央口径修改。于是中央工作组夏侯魁(从军事学院来沪)、"文革"后负责写作组清查工作的姜丕之两位向我和一位文艺理论家两人交代去《红旗》杂志社写作的任务。谈话快结束时,夏用军人口气关切地说了句:"去北京,后方(指家庭)有困难没有?"最后另一位领导又补了一句:"到《红旗》不要同几年前由上海调到《红旗》杂志社的两位编辑接触,他们同上海的关系还在审查中。"我听了不舒服,我认为这话可能是针对我的,因为他们知道我与这两位《红旗》编辑都在华东局共过事。尤其是《红旗》的郑宗汉,我平常当笑话讲过,我谈恋爱都向郑宗汉汇报。所以我认为,上面是明知道郑宗汉是我的要好同学,才这么吩咐的。

心有余悸

第二天,我便同一位文艺理论家两人一起乘飞机去了北京。

到北京,就住在沙滩北街跟红旗杂志社大楼一个院的红旗招待所。据说这里过去是周扬的家,老的马列研究院也在隔壁。招待所是"L"形的,全是平房。第一次代表《红旗》杂志社同我们谈话的是总编辑王殊和负责红旗清查的姓荻的军政委。他们打个招呼就走了。负责接收《红旗》编辑业务的、曾被认为同《红旗》唱对台戏而受批判的《思想战线》负责人邢方群、军事学院的哲学教研室的姓师的主任向我们交代了几点:一、对红旗的清查不要过问。大字报可以看,但不要表态。二、隔壁也是刚到的广州军区宣传部负责人。他是专批《红都女皇》的。各有各的材料,彼此最好不要交流。三、以后具体同我们联系的是邢方群、白筠、聂振斌和一位军人。二位的措辞亲切,不像我写的这么生硬,意思大体是这些。

大家吃饭都在一个食堂,领导人、被审查的人都在一起,每人发两只大陶瓷碗。不过,《红旗》自己的人,家就在隔壁家属院,他们有时回家吃。只有《思想战线》一批人和我们这批外来的人是坚持吃食堂的。由于离上海前领导明确讲"不要同由上海调到《红旗》杂志社的两位编辑接触",我初到的两天没有见到他们俩。第三天老同学郑宗汉看到了我,大喊:"邓伟志!"由于同去北京的人在、陪同的解放军也在,我担心他们负有监视我的历史使命，便故意大声说："我们领导不要我与你接触。"郑宗汉也很干脆："我没问题！"陪同的解放军问我："你们熟悉？"我回答说："我们是同学、同事。他不容易，从讨饭娃到经济学家真不容易……"解放军听了这话有点震惊。我也意识到我过虑了。他明显地没有监视我的意思，是我自己心有余悸。晚上，他约我到他办公室作了长谈。我发现他强化了具体分析，改变了"一锅煮"的思想。谈完后，他送我回房间，当着那位文艺理论家的面，重重地说了句："老郑人本份。"

红旗清查一瞥

《红旗》大楼门口有人站岗，我们无事不进去。如果《红旗》召我们讨论文章，那就得进大楼。讨论文章前后，我们都会在走廊里随便看大字报。不仅能看《红旗》的大字报，而且还能看文化部的大字报，因为同为一幢楼，东边一半为《红旗》，西边一半归文化部。

调到《红旗》早的吃大字报多，调到《红旗》晚的吃大字报少；在《红旗》当编委的大字报多，非编委的一般人员大字报少；有些大字报无限上纲，有些大字报"有"限上纲。后来任中央政治局委员的谢非刚到不久，虽接受审查，但较轻松，吃饭时还跟我们聊聊，不过多是海阔天空，从不谈《红旗》本身的事。

我在《红旗》有两位朋友，一位是胡锡涛，他的事多。他在路上遇见我，主动回避，视若路人，怕牵连到我什么。我也理解他的好意。不过，我对他的一个问题不大理解，这就是说他篡改毛主席指示。从大字报上知道，他在与《人民日报》、《解放军报》一起写《毛主席永远活在我们心中》社论时，提出把"按既定方针办"写进去。他是从一位上将的传达中看到的，就转引进了社论。大家都知道毛写的手谕是"照过去的方针办"。二者在文字上是有差异的。可是，二者的意思是一样的，毫无二致。再怎么说，也算不上"篡改"。当然，我这是从字面上看问题。即便看出了一点，可我在批张春桥文章中依然讲张"伪造了'按既定方针办'"。

再一位是郑宗汉,他没大事。大年夜那天他打电话给我,叫我到他家吃饺子。上海交待的是不可与他们接触,我去不去"接触"呢?从我俩友谊看,应当去。可是,我如果去了,与我住一个房间的文艺理论家会怎么看呢?我必须向文艺理论家请假。我说:"郑宗汉叫我到他家吃饺子。那天解放军说他'人本份'。我去好不?"文艺理论家二话不说,很爽快地把手一挥,意思是"去吧!"于是我就走了。对文艺理论家只挥手,不说"去",是高招。在当时的政治形势下,他也只能做到这一步:用手势同意我去,而没明说叫我"去"。因为,他也有个不能不听上海"招呼"的问题。

关于张春桥的叛徒问题

去北京前我们已有了初稿,题目是《从历史反革命到现行反革命——评张春桥的反革命道路》。到北京后,在聂振斌指导下又改了一稿,好像是听说可能会否定"文艺黑线"一说,便划掉了根据周扬在上海去看望过张春桥,便认定"张春桥是文艺黑线"的提法。《红旗》的同志基本肯定了修改稿。接下去就是等待第三批文件下达。等待,也是很苦的。好在《红旗》的图书馆很高级,资料丰富,尤其是外面看不到的资料格外丰富。我们先是根据老干部的揭发,查阅有关资料。有老干部说,张春桥在当《石门日报》总编(顺便提一句:西柏坡纪念馆说张是石家庄市秘书长,未必属实)时,曾提出"城市依靠城市贫民",受到过批评。这自然是张"否定工人阶级领导"的罪证。就是这样的小报,《红旗》图书馆里也有。我把这对开的《石门日报》借来翻了两三遍,想从中再找出更大的问题,后来也没找到什么大毛病。

为了查张上世纪30年代的错误文章,我翻了《时事新报》、《大公报》等。因为时间充裕,我索性编起张的大事记来。为了弄清张的反革命经历,连张的小事,只要见到了,也写进大事记。还有,我翻到有兴趣的标题,即使与张无关,我也会怀着极大的兴趣看下去。比如说,蓝苹的拍摄日记、唐纳与蓝苹的婚变以及唐纳的自杀,每天都有几家报纸予以连续报道。有些情况，与批江时的文章所写的既有大同小异之处，也有小同大异的地方。由于不许同隔壁批江的广州军区的秀才交流，我几次想告诉他，最终也没详细告诉他。

在编张春桥大事记的过程中，我发现一个重大问题，那就是"张春桥在苏州反省院叛变"的问题。这是一位曾经担任过三个省的省委书记、第一书记的老同志揭发的，也是上海市委一位常委揭发的。毫无疑问，是不能轻易否定的。可是，我看来看去、算来算去，张没有进苏州反省院的可能和机会。苏州反省院是国民党抓住共产党县团级以上的干部，关上个一年半载，判决以后，才送到苏州反省院反省的。可是，张在那段时间还未参加革命，还不是党员，况且每一两个月张都有小文章发表。那就是说，他没被关过一年半载，也没资格进苏州反省院，怎么会在苏州反省院叛变呢？

这时，有关"四人帮"的第三批材料还没下达。可是，《红旗》的领导因工作需要，可以先到中央专案组看材料。我也因为写批判文章的需要，《红旗》的领导可以把他看到的有关材料对我（这时从上海同来《红旗》的文艺理论家已回沪）转达。我们就按这个调子行文。领导讲了很多，唯独没讲叛徒问题。我憋不住提问："关于叛徒问题呢？"领导说："是叛徒，要写！"我再问："有具体的材料吗？"领导说："材料记不清了，写上叛徒就是了。"

不久，有关"四人帮"的第三批材料下来了。写的是：有关张春桥的叛徒问题正在调查中（大意）。——我明白这话的意思。

关于张春桥的漏网右派问题

从转来的老同志的揭发材料中知道，张春桥1957年5月在大鸣大放时，在《解放日报》上发表文章，攻击党的领导。后来，内部反右的通知一出来，他又见风使舵，反起右来。这一点倒是很像我们所了解的张春桥，于是就把它写进了初稿，称张是漏网右派。到北京后，查旧报核对，发现他确有前后两文，调子不一样。因此，张是漏网"大右派"的字眼一直保留到最后发表。后来，右派一改正，这顶帽子就不能成立了。这也正是文章短命的缘由。

不过，在查旧报时，映入眼帘的不少文章令我头晕目眩。在反右派斗争时，我在读大一、大二。一方面被人指为"右倾"，一方面在自己任台长的学生广播台里放出某系某班批判学生右派的消息。既有为挖出右派的欣喜，又饱尝家人被打成右派的悲伤。应当说，对反右斗争有刻骨铭心的认识。可是，在二十年后，重读旧报时却发现自己对反右斗争不甚了了。从白纸黑字上看得出，有些知名的大右派也一度是反别人右派的大"英雄"。怎么会这样？怎么会这样呢？右也反右，以右反右，右右相斗，究竟谁是右派？究竟为什么反右？一个个问号接踵而来。可是，就是到现在仍百思而不得其解。

1977年5月，从北京回上海，便从中央工作组车文仪那里听说，右派有改正的可能。这一下使我恍然大悟。接着，又产生了新的迷茫。从旧报上清清楚楚地知道，是谁在主持各地各系统的反右斗争，他们不就是我们今天正在为他们平反的老领导吗？

组成历史的元素是五颜六色的，不会是"小葱拌豆腐——一青二白"。像我这样一些撰写历史的文人，有责任把历史厘清，可是我们也难逃历史的局限性，所以导致我写出了只有广阔空间而无长久时间的短命文章。因为，写作时刘少奇还没平反，我在文章中还讲他吹捧刘少奇。因为邓拓还没改正，我在文章中还讲他向邓拓泄密。这篇应景的短命文章提醒我：人，尤其是文人，即使是难逃历史的局限性，也要放开眼界，尽量跳出历史局限性。文人水平的高低，就在于跳出历史局限性的多寡。要经得起实践检验，不是一次性的检验，是要经得起多次检验，经得起历史检验。在这一点上，我差得太远。

十五、百科十年故事多

几分钟就调动好了工作

我的中年,从"不惑之年"到"知天命之年"是在中国大百科全书出版社上海分社度过的。十年大百科是我同一流学者联系最为频繁的十年,也是学科意识不断增强的十年。

去大百科是我主动提出的,是先到大百科领任务,然后再办报到手续的。1978年仲秋我离开北京中国科学院《自然辩证法研究》编辑部,回到市革会写作组参加运动,进陈冀德帮促小组,写大批判文章。我很不适应。这时,市委宣传部部长车文仪还像往常一样,常来跟我们写批判"四人帮"文章的几个人聊天。他顺便说起北京办大百科全书的姜椿芳来上海,要上海支持,要在上海成立分社。

说者无心,听者有意。"大百科"三个字拨动了我的心弦。我产生了去大百科的念头。这念头不是因为我对大百科全书有什么深刻的认识,而是出于消极的考虑。一、中科院提出调我,但是不能很快把家属调来。这会给我的家庭带来很多困难。不说别的,就是借调来筹备《自然辩证法研究》的这大半年,已经够我苦的了。况且我对中科院当时出风头的几个人也有看法。有位家庭背景显赫的学者,居然在小会上乱批谷超豪。谷来京是帮助中科院工作的,那人却说谷写文章署名姓"李",是因为江青姓李。事实上,文章是集体写的,不是谷个人的。署名姓李的"李",上海同行都知道,是取"理科"之"理"的谐音,跟"李进"的"李"八竿子打不着。那太子批谷时,我当时正好同谷超豪坐在一起。我对谷说:"他讲的不符合实际。我解释一下……"谷制止了我,连声说:"不用!"好在接下来没人接茬再批，我便没出来澄清。但我也觉得这种人可怕，不想到北京跟这种人共事。二、留在写作组继续搞运动吧，我对那种"浪打浪"一般的互相揭发，毫无兴趣。叫我给人无限上纲，我上不来，可不上纲又不行。我记得，在批陈冀德参与阴谋活动时，陈解释说："我写的东西，正大光明，一直放在桌子上面，还能有什么阴谋？"我便强词夺理地批她说："放你那桌子的整个房间有阴谋，你放在桌面上岂能说明没阴谋？"陈接受了这一批评。可我却不愿再搞这样的批评。想早点干实事去。三、我是学社会科学的，"文革"中又改行搞自然科学。自己是名副其实的"百搭"，在哪一行里都不专，不深。既然如此，何如变"百搭"为"百科"？

1978年11月，我走进工作组的办公室，开门见山地跟坐在靠门口的工作组领导冯岗说了句"听说上海设立大百科分社，我想去大百科"。他笑着向里面一指，说："你跟老夏去说。"我还没跟夏其言开口，老夏就表态了："好！你先去，我这边的事了了，随后也去大百科。"老夏马上跟大百科打电话。那边马上回答："叫他下午马上来开会。"这时我才知道，上海分社由陈虞孙、汤季宏筹备。夏其言也将去出任副书记。后来因为老夏原来所在的《解放日报》也需要老夏去当副书记。《解放日报》的王维坚决不放老夏。老夏去了解放，没去成大百科。

谈笑皆鸿儒

大百科全书是反映一个国家对万事万物的认识的，是代表国家水平的。因此，哪怕是几百个字的条目，也要由这个国家在这方面最有造诣的专家来撰写。又因为大百科不是学报，必须在一个不长的释文中反映国内外各种学说、学派的见解。这就要求必须有客观性，不可罢黜百家，独尊"己"术。这就是说，大百科撰稿人不仅学术上要有造诣，而且要有高尚的学术涵养。大百科编委学术一流，撰稿人至少是接近一流的学者。《中国大百科全书》第一版共74卷，66个学科编委会，734个分支编写组，万余名撰稿人，66位编委会主任。各个学科的编委会主任全是学科的领军人物。算一算,一位编辑需要联系多少学者?

跟学者接触,是向学者学习的好机会。大百科首卷是《天文学》卷。为什么选天文为首卷?是因为"文革"结束才两年,很多学术观点还正在重新审视中,在有些领域还是"文革"意识占上风。而天文,则较少争论,比较容易"集万卷于一书"。恰好我"文革"中摸过两三年天文,参与写过《天体的来龙去脉》,于是就成了《天文学》卷的编辑。

在大百科总编姜椿芳等的热情动员下,全国天文学界的名流都集合在大百科的旗帜下。南京大学天文学系戴文赛,在学术上一丝不苟,逝世时床头上还摆着他正在修改中的《中国大百科全书·天文学》卷的条目。北京天文台王绶琯把《天文学》卷的框架图解得一目了然,令人折服。紫金山天文台台长张钰哲,一心扑在天上,说起天文来,思路天马行空,可在日常生活中却寡言少语,不善辞令。

《天文学》卷出版后,我又参与了《社会学》卷,与费孝通、雷洁琼等一大批社会学家保持联系。

在雕花楼开"黑会"

大百科天文学卷第一次"定条目,议样条"的会议是1979年5月在苏州东山的雕花楼举行的。那时的雕花楼远没有今天这样华贵。现在不许用手接触的最好的雕花大床,1979年就放在二楼的201室。因为"定条目,议样条"的会议开始时姜椿芳还没到会,那最好的201室便安排给陈虞孙去住。我作为陈虞孙的随员,自然要与陈虞老同住一屋。又因为陈虞老坚决不睡那最好的雕花大床,一定要睡在为我临时加的单人小床上。于是,我就在那张现在不许用手接触的最好的雕花大床上睡了半个月。

在这半个月当中,没有吃过一次桌饭,大专家、大领导都是凭饭票排队买饭。游客同参会的一样,也是排队买饭。记得当时陈云的夫人于若木来东山,也跟我们在同一个食堂排队。为此,陈虞老在他的《东山散记》中还提了一笔"一位大姐排队……"陈虞老没写名字,我知道这大姐便是于若木大姐。

在这半个月当中，没有什么文娱生活，唯一的是组织大家参观旁边的紫金庵。晚上，看稿子看累了，就会闲聊一会，放松一下神经。有一天晚上，北京天文台李启斌、紫金山天文台童傅、南京大学曲钦岳（上述三位在会上，那天晚上是否在任江平房间我也可能记错），我们五六个人聚集在南京大学任江平教授的房间闲聊，请中国科技大学的一个教授讲国外见闻。他说，他在法国时，法国同行约他周末一起去摩纳哥看赌场。他说他不能去，因为护照只剩一页了，如果摩纳哥一盖图章，他就回不了自己的国家了。法国同行说："我们跟海关说说，不要他们盖章。"他将信将疑。然后，又吞吞吐吐地对法国同行表示自己囊中羞涩，住不起大宾馆。法国同行又说，他们本来也打算在摩纳哥不住宾馆，大家一起睡在面包车里。这样，他就随法国同行一起去了。

正当我们想知道，摩纳哥的赌场是什么样子时，房间的电灯突然熄灭了，再一看，整个雕花楼全灭了，一片漆黑。这时听见大百科的王希尚处长喊道："大家不要动，可能是保险丝坏了，一会就能修好。不要动啊！"专家是最听话的。南大任江平风趣地说："下面我们继续开'黑会'。"一句"文革"中的高频词把大家逗乐了，立即驱走了刚才灭灯后的紧张。

刘尊棋平反的周折

大百科启动不久，1978年底，总社姜椿芳、刘尊棋等动议办《百科知识》杂志，作为《大百科全书》的助推器。分社陈虞孙、汤季宏等认为办杂志会分散精力，搞不好还会亏本，以分社三位领导"陈、汤、顾"三人的名义写信表示不赞成马上办《百科知识》。后来总分社反复商量还是要办。那时，总分社领导有分歧都是当面讲出来，一旦集体决定下来就齐心协力，共同参与办好。因此，在决定办《百科知识》后，陈虞老就派我跟随刘尊棋办《百科知识》第一、二期。

刘尊棋1957年错划为右派，等于从人间蒸发掉了，跟老朋友失去了联系。他来上海,一边谈工作,一边访老友,而且他的老友本身都是《百科知识》杂志的最佳作者。在上海过几天后,他还打算叫我跟他出差组稿。就在这当口,总社忽然电话通知刘尊棋不要出差,也没讲什么理由。刘老是睿智。他这位共产党员在最反共的美国新闻处工作多年,应对自如,没有大智慧是不可能在那里站住脚的。他从总社异乎寻常的通知中,就断定出了什么"状况",而总社又可能是根据什么组织原则不便马上直接告诉他。他很纳闷,也很苦恼。可是,对他们这帮高干来讲,是无密可保的,你不告诉他,自有他的知己让他知道。他为了不使大百科总社为难,大概是当天晚上就从别处打听到了内幕。

内幕是:中央组织部《关于"六十一人案件"的调查报告》的文件下来了,义正词严地讲明彭真、薄一波等是中央为了营救他们,要他们假自首的。可是,附件十七、十八是薄一波、刘澜涛写的一段话,大意是:我们61个人都是按中央指示办手续出狱的。只有刘尊棋等两人例外,是自首叛变后走出敌反省院的。刘老知道后很恼火,同时,他也为一时找不到证明人而沮丧,一向笔直地腰板此时似乎有点弯曲。几天后,他从外面满面春风地跑来,说:"薄一波承认不了解全部情况,表示为我澄清:文件原来发到哪一级的,澄清的文件也发到哪一级。"

关于这一点,现在有好几篇文章说,薄一波为刘尊棋平反表示庆幸,祝贺。我想,这可能是后来的事情,不会是刘老找他时说的。再一点,文件、文章都是讲,"刘尊棋是由当时东北大学秘书长王卓然保释出狱的。"可是不知怎的,我的印象是:刘老找薄一波分辩时,是凭宋庆龄为刘老写的证明。宋庆龄写的好像是:"刘尊棋是我营救的,共产党不知道……"今天回忆起来,也许当时"王卓然"这名字我不熟悉,没进入记忆,也许是宋庆龄叫王卓然把刘保释出狱的。

——这一点当然以文件为准,我没太大把握,只是脑子里有这个印象,便顺便说一下。

刘尊棋右派平反、"叛徒"平反是大好事,可是对大百科是个损失。他这个"美国通"在办了几期《百科知识》后,为进一步落实政策,便调去创办《中国日报》了。

多才的阎明复

讨论天文学卷条目和样条的东山会议后三个月,两千条目、150万字的释文全部写好。专家们是何等的热心于百科事业！1979年8月,在北京车公庄2号北京市委党校招待所审稿。我比审稿人早到几天,为审稿会做些准备工作。我到车公庄那天,除了一张床架子以外,什么都没有。总社党委副书记阎明复立即派人买来席子、被子、枕头,并亲自为我铺好。

审稿是很紧张的。为了调节精神,晚上常有内部放映的美国电影看看。"文革"十年,在我们这批人当中,没有谁能在国内看到美国电影,所以审稿的专家对于看美国电影还是有兴趣的。这样,也有助于把人才留住。可是,天天看美国电影也有看腻的时候,有几位专家向我提出:"能不能看点苏联电影？"在1979年中美关系有所缓和,而中苏之间还处于对峙状态,对苏联电影的控制比美国严得多。我打电话向阎明复转达专家的意见后,他要我傍晚几点在门口等他。到时候他坐吉普把我接走,一起去了中联部借苏联片子。拿到片子后,通知大家到中联部的一个什么地方集合看电影。集合后,我就照顾专家去了,遂与阎明复分手。放映开始,听见一个熟悉的声音在翻译、解说。再听下去,"像明复？"回头一看,果然是明复。——啊呀！能有面子到中联部借内部片子的人不会再去为你跑片子;能跑片子的人不会有那水平再为你同声翻译片子。阎明复能上能下,集三者于一身。人才难得！

难产的《社会学》卷

1978年《中国大百科全书》动工时,在中国的学科目录中还没有"社会学"这门学科。1979年邓小平提出恢复社会学时,正逢大百科定框架。加之大百科总编委常务副主任于光远提出:理科的基础学科是数理化、天地生,工科的基础学科是农工医，文科的基础学科是文史哲、经发社。这样，在定框架、定卷数时就决定设《中国大百科全书·社会学》卷。同时，还决定把最难编写的《政治学》和停顿了二十多年之后刚刚恢复的《社会学》，这两卷放在最后编写。在其他各卷陆续编出来的时候，总分社决定由我和谢寿光（现任社会科学文献出版社社长）在石磊副总编带领下组织编写。

第一步是由总编辑姜椿芳带领石、谢、邓去拜访费孝通和雷洁琼两位社会学泰斗。他们都表示支持。想不到就在这以后，在人事上发生了两件事。

一件是，中国社科院党委领导乘社会学所所长费孝通出国，把所长所欣赏和喜欢的所党委书记调走，任命了一位费孝通不认识的新书记。费孝通很不满意，表示要同社科院"绝交"，不再去社会学所上班，不与新任的书记来往。僵持了一段时间后，费孝通给管统战的政治局委员写信，要求离开中国社科院，到北京大学工作。统战系统批准费老要求，北大最后也同意在北大成立社会学研究中心，由费孝通负责。中心当时无编制，经费是由中央统战部拨款二十万元。这样，中国社科院那边就正式任命何建章为社会学所所长。这时，我们再请费老当主编，费老以社会学学科"不成熟"为理由，说不要编《社会学》卷，他也不当主编。

面对这种局面，就使得《社会学》卷的编写遇到了重重困难。一、《社会学》卷这一卷不出来，就等于整个《中国大百科全书》没出来。二、按大百科惯例，要编《社会学》卷，必须请费老这样的权威当主编才行。多次恳请费老出山，费老都借由婉拒。三、要编《社会学》卷，中国社科院社会学所应当是主力。如果请费老当主编，费老不与社会学所往来，势必难以调动社会学所的人马。

这时，我们大百科想了个主意：一、鉴于费老对社科院党委的这个气是出在更换社会学所所长头上的。我们就请所长何建章一人不参加《社会学》卷，不挂名，但社会学所的人马都参加编《社会学》卷。二、《社会学》卷由费孝通和费孝通称其为老师的雷洁琼两位为主编。这样，编书的有些活动如果费老不愿出来，就可由雷老出面召集。

要兑现第一条是很难的,因为是不近情理的。把人家手下的人拉出来,却不让人家的头头带队,哪有这么便宜的事?可是,何建章同志居然同意了我们这不近情理的做法。我深受感动。

有了这一转机,大百科在京邀请费老、中国社科院社会学所、中央民族学院的专家开了一次会。我们本来以为费老能来开会,就意味着答应当主编。因为这实在是"非君莫属"的呀!又是出乎所料的是,费老依然表示"不成熟","不要编"。"不成熟"?社会学较之于别的学科确有不成熟的地方,可是学科都是发展的,就是那些老而又老、熟透了的学科,在它的学术前沿也有很不成熟的问题。要不,为什么英、美、苏等国的大百科仍在修订,仍在再版?后来知道,障碍在于从1957年延到1958年的"反右斗争"后遗症在作祟,非右派斗争过右派,后划的右派斗争过先划的右派,先划的右派为了争取"从轻"也揭发过后划的右派。从1957年延到1958年的"反右斗争"反掉的是友谊,反掉的是人性,反掉的不仅是当时的文化,而且也祸及二十年后的学术。

也就在这时,第二件人事变动发生了。大百科总编辑易人。中国社科院党委书记代替了姜椿芳。把费孝通喜欢的社会学所前书记调走的就是这位领导,费孝通为此而"绝交"的第一人就是这位领导。当石磊、谢寿光和我三人向领导汇报我们正争取费老当主编时,领导明确地说:"费孝通不学无术,是捧出来的……"我听了大有一盆冷水浇在头上的感觉。

不请费老,费老又会怎样想呢?

1986年评上了正高

1960年大学毕业时,正值国家困难时期。大概是一年多以后,才定为研究实习员的。从此再未评过职称。"文革"后,大概是1983年或1984年高校和科研单位开始有评职称这回事。出版系统较迟,1986年才开始评职称,我也就是1986年评上正高的。从初级职称直接跳到正高,中间没经过中级和副高,这是我的幸运。知识分子没有别的奔头,就是要个正高。后来又通知我，正高工资从1987年算起，我二话没说，马上表示同意。没经过中级和副高，意味着不需要按评职称那一套来约束自己。随着时间的推移，随着我参与评职称的活动增多，我开始思考一个问题：中国评职称的那一套是弊大于利，还是利大于弊？

我在大百科碰到过挫折，但那是"外促内"，是因为我写文章得罪了大人物。大人物要大百科对我施压，要取消我的编委。上海分社领导是保护我的。曾经是"胡风分子"的罗洛，对上边下来的施压是软顶的。曾经是"右派分子"的胡实声是硬顶的。当有人说我是"自由化"时，1935年入党的胡老(现年一百〇三岁，还常亲笔给人写信)明确地说："那算不上资产阶级自由化！那些想法我也有，要划就把我和邓伟志一起划为自由化吧！"党龄比他小的外来督促处理我的人方才罢休。

编纂《中国大百科全书》是国家工程，是经过华国锋、叶剑英、李先念等亲自批准的。出版社的牌子是邓小平书写的。邓小平为出版社题名的可能独此一家。邓小平推行市场经济的思想不是人们常讲的出自于1992年的南方谈话，早在1979年邓小平就对大百科总编姜椿芳讲起过。姜也向上报告过，也对我们讲起过。

十年，按预订计划七十余卷的《中国大百科全书》1988年全部问世。《中国大百科全书》第一版共74卷，1.3亿字，77 895个条目。创业难，守业更难，在快编完时，胡乔木派梅益来大百科当总编后，他极力否定过去，从而使得社领导之间的矛盾搬到了报纸刊物上。不论是"跟"还是"恨"，都在加剧社内的矛盾。从观点上分歧，发展到组织上分裂，上海分社面临撤销。头头不守业了，咱小兵拉子如何守得住业？"三十六计，走为上计。"我趁着矛盾尚未白热化，愉快地离开了大百科。

离中有不离。我走后仍为大百科职称评委，更重要的是我手不离大百科。后来，《中国大百科全书》出了第二版，我又享受社内职工待遇打折后，自费买了一套。一版是按学科分卷的，二版是按字顺分卷的，两相对照，查阅方便。

十六、中国年鉴事业的初创

《中国百科年鉴》问世

《中国大百科全书》的编纂工作启动不久,由国务院总理任命的《中国大百科全书》总编辑姜椿芳等几位领导开始思考一个问题:七十多卷的大百科全书至少要十年才能出齐,可是科学事业每年都有新进展,如何把这十年间的每一年的学术成就全面地告诉学人?如果能编一本百科年鉴,与百科全书经纬交织,那该有多好啊!

这时作为大百科首卷的天文学卷经过一年多的奋斗,即将在上海付梓,于是决定从上海抽出一部分力量编年鉴。姜椿芳利用陪同邓小平接待外宾前的几分钟,向邓小平汇报了准备编年鉴的事情,马上得到邓小平的支持。那时候,人的积极性真高!全国29个省市区委的办公厅主任或副主任担任《中国百科年鉴》的通讯员,个个谦虚谨慎,认真负责,丝毫不厌烦编辑的修改。记得许多省市区来稿的第一句话,不约而同的都是"自十一届三中全会以来……"这是完全应该的,也是符合实际的,但是,把29个省市区的来稿集中编在一个《各省、市、自治区概况》栏目中,有明显的雷同感。我们建议删去,他们都虚心接受。

第一部年鉴1980年春天编框架、定选题,马上四处组稿,采、编、校、印通力合作,到1980年底《中国百科年鉴》就与读者见面了。中国人称赞它是"集万卷于一册,缩一年为一瞬"。外国人称赞它是"坚持开放的标志","有信心有力量的表现"。

新中国成立三十年,年鉴出版几近空白。20世纪60年代初,出版过《中国体育年鉴》,出一两部就停了。"文革"前,还出版过国际形势年鉴,也是像马克思的《德法年鉴》一样，立即成了"空前绝后"。因此，《中国百科年鉴》的出版，带有点轰动效应。国务院总理把它当礼品赠给外国元首。各地、各系统跃跃欲试。紧接着出版的有《中国出版年鉴》、《中国新闻年鉴》、《中国哲学年鉴》。地方上出版比较早的有《安徽年鉴》、《上海文化年鉴》，记得解放军的年鉴也出版得蛮早。筹备出版年鉴的单位纷至沓来，到《中国百科年鉴》编辑部了解情况的地区和部门络绎不绝，一时形成了"年鉴热"。面对方兴未艾的年鉴事业，我在1982年写过《百科全书和百科年鉴》和《赞年鉴热》，1984年又与顾国庆合写了篇《提高年鉴信息量的若干方法》的长文，都发表在《年鉴通讯》上。

尚丁发起成立年鉴中心

年鉴增多，大家就有发生横向联系的要求。1984年，由尚丁出面，报国家出版局批准，成立了"全国年鉴研究中心"，尚丁任主任，我任秘书长。顺便介绍一下尚丁，因为不少人不了解他。不过，有个名人名言无人不知，那就是毛泽东跟黄炎培所讲的，有民主就有可能跳出"兴勃亡忽"周期律。这段话，就是由尚丁冒着掉脑袋的危险在重庆公开出版的。跳出"兴勃亡忽"周期律的名言是从黄炎培所出版的《延安归来》一书中飞向全国、流传至今的。

把年鉴作为一门学问来研讨

"全国年鉴研究中心"工作班子在上海归属上海市辞书学会指导。那时国内已有51家年鉴，经反复商量，于1984年在位于古北路的大百科全书出版社上海分社举行了第一次年鉴研讨会。中共上海市委副书记夏征农参加。

受会议启发，我当时写了篇《编年鉴要重视质量》，发表在1984年3月16日的《光明日报》上，讲了增加信息量、提高检索效率等五条意见。1985年由《安徽年鉴》与全国年鉴研究中心合办，在合肥举行了第二次年鉴研讨会。两次会议均由陈虞孙、汤季宏、刘火子、尚丁"四老"挂帅，我任秘书长，做具体工作。会前《光明日报》以优惠价，用一整版刊出了四十家年鉴单位的简介，展现了年鉴的强大阵容。两次会议都印发了根据"四老"指点、由我执笔的"会议纪要"，上送中宣部和国家出版局。各地、各系统的年鉴编辑部如何上报，由他们自己决定。上海报送上海市委宣传部，报送市委王一平、夏征农。从合肥回沪后，我就合肥会议的成果又写了篇《盛会之后的思考》。

1984年的那次年鉴研讨会，中共上海市委副书记夏征农充分肯定了编纂年鉴的必要性和现实可能性。很多与会者批评了有些年鉴收进当地或部门领导讲话的篇幅比重过多的不良倾向。也许与当时的大气候有关，会议发言相当活跃。遗憾的是会议报到那天，上海下起瓢泼大雨。我们没有车子去迎接与会者，有的与会者下火车后，赶到古北路，淋成了落汤鸡。我看了心如刀绞，至今回想起来仍感不安负疚。当时各地年鉴负责人都是厅局级干部，没有一人有怨言。在我向他们道歉时，他们反过来安慰我，体谅我。

1985年在合肥召开第二次年鉴研讨会，沪皖两地的宣传部副部长都到会。东道主做了大量工作。会议把编写经验提升到"年鉴学"的理论高度，是一大进展。不过，当时有件事搞得我很尴尬。会前通知上讲明，会后去黄山，于是很多人报名上山。可是临开会时，上面通知：国内有八个景点，不许会议组织集体游览，其中排在前面的有黄山。

怎么办？不组织去黄山，等于欺骗与会者；去黄山，有极大的可能受批评。但是，我也有个理由：提出去黄山在前，中央通知在后。这时我不向很多人请示，自行决定仍然组织大家去黄山，因为向谁请示，等于要谁承担责任。不请示，一切责任由我秘书长承担，若要处分只处分我一人。为减轻处分考虑，我不上山。这样查起来我只负所谓"领导责任"。幸好去黄山一事没人揭发，就这样平安过去了。今天想想我这样做多有不当。

自20世纪80年代起，年鉴机构从几十家增加到上千家，直线上升，飞跃前进。在发展到八十多家时，我写了篇《我国年鉴事业发展迅速》，发表在1985年9月29日的《文汇报》上。

  三十多年来，我对各类年鉴一直有着深厚的感情。我研究问题，常常拜见年鉴这不开口的老师。说话、写文章要心中有数，而要心中有数，先要书中有数，通过读书再从书中有数转化为心中有数。准确的数字，是诗，是歌，是驳不倒、推不倒的长城。即使从字面上看文章中没引用数字，但好文章中的观点是从数字中归纳出来的。"高论"离不开"大数"。集各类数字之大成的年鉴是做学问的必读。

十七、内参逼着我去找"姑姑"

一篇短文引出一篇"内参"

我在前面口述时说过：红旗杂志的资料室琳琅满目，应有尽有。

在等上头精神的过程中，我常到资料室借书。有时甚至是头一天早上借书，第二天早上在还书的同时，再借书。我连续借了旧文人曹聚仁在港澳出版的十来本作品，像他的《万里记行》等。我觉得他比较坦诚，写的东西真实性强。我从他书中又了解到毛泽东、周恩来接见过他，陈毅元帅陪同他游览好几天，觉得这人不一般，不寻常。

适巧在这时，有位广西的大文人在北京一家大刊物上，讲上世纪30年代的桂林文化界时，对他自己所主办的刊物，发过"反动文人曹聚仁"的文章，表示"工作没有做好"，"悔之莫及"。我读了认为大可不必。便在1979年8月2日的《解放日报》上发了篇短文，我说：曹先生的"基本倾向是爱国的、进步的"。

哪知上海有位大秀才早在40年代与曹有过一场辩论。他看我的文章说了曹的好话，很不舒服，马上写了个内参，批评我的文章，说曹聚仁如何如何不好，他如何如何正确。末了还加了一句："邓伟志与曹聚仁的妻子邓珂云有亲戚……"

这内参我是看不到的。大百科分社的社长陈虞孙同志是看得到的。他把我叫到他的办公室，一本正经地质问我："你在外边给我惹了祸，知道不知道？"

我不假思索地回答："不知道。"我明白，在那年头，写作是专吃批评饭的差事。什么祸不祸的。再看看陈虞老的脸色，像是戏言又不像戏言，便硬着头皮听下去。

"你想替反动文人曹聚仁翻案是不是?"陈虞老看我摸不着头脑,便刚中有柔地说。

"是的!我读了曹聚仁十几本书。"

"在哪读的?"

"我在红旗杂志工作时看的。虞老:我真的感到他并不反动。曹一生可能写过五十余本书。"

陈虞老微微一笑,说:"×××告你与曹聚仁的夫人邓珂云是亲戚?"

我知道了事情的原委,也笑了:"我与她五百零一年前是一家。不过,我正想向邓珂云这位没见过面的'姑姑'借曹聚仁的书,读完五十本书以后,再写!"继续再写我是有过考虑的,决心尚未最后下定。有了这一激将,我决心继续读,继续写。

陈虞老坐椅子从来不前仰后合,总正襟危坐,这时他把他本来就挺直的腰板再挺一挺,笑着说:"好!希望你看完五十本以后,再写。如果看得起我,写好后给我看看,让我学习学习。不要去理睬那老'左'派的!回去看书吧!"

三十多年来,陈虞老那"不要去理睬那老'左'派的"话语,常在我耳边回响。我想不到那位被陈虞老称为"老'左'派"的老人会写这样的"内参"。我们虽无私交,但座谈会上常见面。虞老称他为"老'左'派",也有人称他"右"。一左一右",恰好说明他不左不右。他被人认为"右"的观点,有的我是赞成的。比如,他多次提出日本应为"二战"赔偿。有人据此认为他"没与中央保持一致"。我不同意这样批评他这位老文人。他妻子被日本鬼子强奸、轮奸致死,他要求赔偿是情理之中的。他要求日本赔偿,国家不要日本赔偿,恰好烘托出国家的大度,恰好说明我国对日本人民的宽厚、善良。我这个解释,同那老人以及个别领导说起过。老人为什么不当面跟我说他对曹聚仁的看法,反而要写内参呢?我纳闷。后来我与老人还是常见面,说说笑笑,彼此都不提那件往事。

我渐渐地明白:这都怪我读书太少。本文开头讲那老人与曹聚仁有一场笔墨官司,是后来知道的,不是在陈虞老跟我谈话之前知道的,是在我向邓珂云姑姑借来更多的曹著以后才略知一二的。

敲响"姑姑"的大门

我多方打听后,知道了邓珂云的电话与住址。我在电话中简单地说明来意。因为她早已看到《解放日报》上我那拙作,所以她爽快地答应我去借书。

我如约敲响了她家大门,叫了声"阿姨"便进到了书房。我从书上知道,阿姨也是作家,文史馆馆员。可如今除了风度、谈吐还像作家以外,穿着俭朴,活像保姆。她已当了祖母和外婆,身边一个孙子、一个外孙,她一边逗两个小宝贝,一边给我介绍情况。她要去看孩子的时候,一边说一边用手比划着要我看到她的书架。书架上有两格放的是曹著。其中有一本大书足足有18斤重,总共只印了两本:一本由身在海外的曹聚仁先生直接赠送给了英国博物馆,一本留给了自己。这本大书是"文革"初期,扫"四旧",批"文艺黑线"时,曹聚仁在香港知道了,伤心之至。大陆在扫,他便在境外悉心保存,绝大部分是近几十年来的京剧、电影、话剧、地方戏曲的剧照,大八开,厚达八百多页,取名《现代中国剧曲影艺大成》。曹老先生抱病为《大成》写了序,为优秀剧目写了剧评。不用说,这本大书她是不会外借的,其余的随便我挑。我看阿姨实在太忙,选了三本就告辞了。我示意不要写借条,阿姨说不用,连归还日期也没提起。在未阅读之前,说实在的,我也吃不准几天能看完。

大概是第三次去邓珂云家借书时,她女儿曹雷回来了。曹雷代母亲照顾两个小调皮,阿姨可以有时间多给我聊了。我向她讲了我应当称阿姨为"姑姑"的由来。她露出了灿烂的笑容,眼睛炯炯有神,立即同意我称她"姑姑"。她说:"那我就认你这个'侄儿'了。"

姑姑向我讲起了曹聚仁的故事。曹无党无派，也可以认为他是独来独往，独立思考。1949年上海快解放时，国民党要他去台湾，机票都给他了。他不去。上海解放后，他以独到的眼光观察共产党，他喜欢上了共产党，认为共产党比国民党要好。可是，上海有几位进步文人，考虑曹聚仁在赣南是蒋经国赣南舆论工具《前线报》主编，同蒋经国关系那么好，为什么不去台湾，有点奇怪，有点猜想，于是公开发表文章，质问："蒋介石、蒋经国走了，曹聚仁留下干什么？"明眼人一看就明白，这言外之意是什么。曹聚仁认为上海不要他了。可是，他这有独立人格的人做出独立判断：尽管上海不要他了，他也不去台湾。他不得已离妻别子，只身去了香港。到了香港，曹聚仁堂而皇之地发表了《从光明中来》一文，把解放后的上海，把共产党说得光明、光辉。香港人看了他的文章也对他从另一方面产生了怀疑：大陆光明，你曹聚仁为什么弃"明"投"暗"？你来香港是干什么的？这话也有弦外之音。后来他又去了澳门。

姑姑总结性地说："这就是聚仁可悲的地方。"

我说："这恰好是我姑父的可爱之处。"

十年辛苦对青灯

把曹聚仁的五十本著作差不多读完之后，我在1980年写了《"谜样的人物"——曹聚仁》、《曹聚仁与中国文艺》两篇长文。可是，稿子投给一家，不用；再投给一家，还是不用，婉言退回。

我也是编辑，我能体谅编辑的甘苦，他们不能不从政治上考虑，不能不听上边的。没人敢发表，也有好处，还可以再斟酌，再推敲。通常说：十年磨一剑。我是十年磨两篇。1990年《书林》杂志的主编向我约稿。我准备答应他写别的了，顺便说起曹聚仁。嗨！他毕竟是一位称职的《书林》主编。他学富五车，读过曹聚仁不少书。我们一拍即合，他不仅没顾虑，而且认为《书林》就应该发评论这类人的文章。他立即把两篇文章都拿了去，先后在《书林》上问世。后来评介曹聚仁的文章就慢慢多了起来。

我一直在想：对出去的文人要具体分析，切忌一锅煮。他们出去的动机各不一样。我曾写过《申报·自由谈》的黎烈文，上海解放后，他并不想走。但是，当他知道来接管申报的共产党人是谁以后，他走了。为什么？因为他妻子曾是这位接管申报的共产党人的恋人。他怕以后难以共事。走了以后，黎烈文依然心向新中国。还有些出去的人，可能走的时候不满意新中国，但是到了国外又热爱起新中国了，甚至可能比不走的人更热爱新中国。这都要求我们要以发展的眼光看一个人，防止把人看死。

图1：合家欢
图2：与赴朝归来的中学老同学赵世霖（左）
图3：游石林
图4：在贵州
图5：在广西
图6：与大弟弟邓天觉（左）在黄河边

图1：邓伟志小学毕业那年
图2：合家欢。姐弟四人及各自的配偶
图3：这是邓伟志1960年在上海旧书店仓库里淘到的毛泽东在延安抗大讲课的讲义封面
图4：叔父抱着的男孩是邓伟志，左为大姐，右为堂姐

图1：伺候母亲
图2：全国两会期间兄弟两人一起走出人民大会堂

图1、2、3、4：与同事徐永庆、朱长超在柳江笔架山、黔西猿人洞、禄丰龙遗址考察。
图5：在庐山上向古脊椎古人类学家贾兰坡(左二)、杨钟健(左三)请教并合影

十八、"窝窝头"进了社会学

《家庭的淡化问题》的发表

1980年初,我深为一些在"文革"初期飞扬跋扈,不可一世,"文革"中后期一落千丈,受尽欺凌,"文革"结束后,又神气活现的中青年担忧。

1966年"五一六"通知下达不久,在全国流行着一副对联:"老子英雄儿好汉,老子反对儿混蛋。"尽管连当时任中央"文革"小组组长的陈伯达都不赞成这种说法,可是这副所谓对联,仍然贴满了大街小巷,传遍了大、中、小学。由于"文革"开始后,矛头是对着文化人的。上海点名批斗八位"反动学术权威":陈其五、周信芳、周予同、周谷城、李平心、瞿白音、贺绿汀、李俊民。各地也都是由省市区委领导点名把当地的文人当黑帮批斗的。接下去,还是由省市委领导自上而下地抛出自己任命的党报总编、宣传部长。在这当中,干部子女,特别是高干子弟,几乎都是高举"造反有理"大旗,充当红卫兵头头。"西城区纠察队"的组成便是上联"老子英雄儿好汉"的高潮。再接下去,运动的矛头从向下转为向上,开始对着当权派,当初抛出黑帮的领导人马上被当作黑帮的后台揪了出来。于是,按照下联"老子反动儿混蛋"的逻辑,不知有多少天真烂漫的干部子弟从红卫兵头头,从"西纠"被打入了十八层地狱,令上下痛心,世人心痛。

可是"文革"后,随着当年领导的官复原职,我观察有些干部子弟从过去的一起一伏中,吸取了正反教训,变得成熟,同时我也目睹一些干部子弟旧病复发,搞起了"特殊化"。我为之担忧,我陷入了思考。根据我在"文革"后期对民族史、家庭史的研究,我断定"老子英雄儿好汉"与"老子反动儿混蛋"是一个硬币的两面。有"老子英雄儿好汉"必有"老子反动儿混蛋"。荒唐的上联、下联折射出一条真理：家庭关系太浓不好。家庭抱团，要么是一荣俱荣，要么是一损俱损。反之，如果家庭成员之间当浓则浓，当淡则淡，如果能做到"浓妆淡抹总相宜"，那该有多好！针对矛盾的主要侧面，我写了篇《家庭的淡化问题》，发表在1980年9月28日的《文汇报》上，没想到引来了二百多封读者来信，成为一些人街谈巷议的话题。更没想到，这篇谈家庭的文章，连同在这之前发表的有关科学社会学的文章，引起率先办社会学系的复旦大学分校的注意。

两位杂文大家的有趣对话

邓小平吸收哲学家杜任之1978年的建议，于1979年3月提出"社会学补课"。随后，国家教委希望南北两所名牌大学率先设立社会学专业。当时，这两所大学的领导在思想解放方面是教育界的排头兵。哪知他们在办社会学问题上却主张"慢一点"。此事被复旦大学分校校长王中教授知道了。经历过严寒的人最懂得春天的可贵。曾被错划为"大右派"的王中无所畏惧，自告奋勇要在他领导的复旦大学分校恢复和重建社会学。王老胆大心细，他广泛听取意见。他的主张很快得到华东政法学院副院长曹漫之、上海社科院副院长蔡北华、《民主与法制》创始人郑心永、华东师大党委副书记吴铎，以及老一辈社会学家应成一、言行哲、田汝康等的支持。王中校长和分校党委书记李庆云把恢复和重建社会学报告送到上海市教委。市教委主委舒文看了正中下怀，他当初对取消社会学的错误做法，就有所保留，于是他马上开会讨论，立即批示同意。这就是自1952年在高校取消社会学之后，于1980年建立的中国第一个社会学系的起跑线。上世纪80年代末，任市人大副主任的舒文兼任《方法》杂志主编，我任副主编，两人谈起往事。听得出，他为自己迅速批准建社会学系而倍感欣慰。

市教委批准办社会学系后，复旦分校准备把78、79级的学生转为社会学系二、三年级的学生。学生有了，学生也很乐意学社会学了，可是，教师到哪里去找？"巧妇难为无米之炊"啊！王中他们看了我那跟社会学沾点边的文章,叫我去复旦分校开了一次讲座。我以为讲了就过去了,一点不知道他是在"钓鱼",是在"考察"。几天后,他偕副教务长姚汉荣、社会学系主任袁缉辉来到设在人民广场大楼里的中国大百科全书上海分社,商调我到复旦分校。后来听说,王中来大百科商调时信心很足,因为他与大百科分社的第一把手陈虞孙是老友,都是出身于新闻界,都是杂文大家,就在不久前他们两人又都在《人民日报》上发表了引发轰动效应的杂文。哪知事与愿违,陈虞孙坚决不放。由于两人是老友,因此陈虞孙在拒绝王中时,并不像对陌生人那样一本正经。他说:"你看我讨饭篮里就那么几个窝窝头,你怎能忍心再给我拿走一个?"王中见一计不成,马上又来一计,他也以杂文家的口气对陈虞孙说:"你总不能让我空手回去。你不同意调邓伟志,你得同意邓伟志到我那里兼课。你总得卖我这个老面子。"陈只得同意。

1981年2月,寒假后一开学我这个陈虞老心中的"窝窝头"便到复旦分校社会学系跟78、79级上大课去了。我个人主观上很想开设"科学社会学"课程,因为我从1971年开始到1981年已经搞了十年自然科学。可是,社会学系从全局考虑,要我讲授"家庭社会学"。我服从系里安排。

当时我家住淮海中路2048号,接近华山路。从我家到位于西江湾路的复旦分校,骑自行车要70多分钟。我那时四十多岁,去时不觉累,哇啦哇啦讲半天以后,再骑70分钟车子回到家,就觉得很疲劳了。但是,与学生在一起,在带给学生知识的同时,还能向学生借一点青春活力,疲劳中有欢乐。我在对78、79级开完大课后,接着又分别对80、81级的社会学系学生开课。我还到法律系、历史系、中文系分别讲过一两次。纪硕鸣、李建勇、华达明、朱嘉明、郑超然、黄小勇、张钟汝、陆徘云、卫青、陆建等都是当时比较活跃的学生。与美国前驻华大使骆家辉合伙办律事务所的梅明瑾也是那时听过我讲课的。

回想起来,在复旦分校兼课期间最感不安的是调课。我是兼职,如果哪一天上课与本职工作有冲突,跑不开,就会给系里带来很大的麻烦。记得系书记胡申生老师跑上跑下，一会儿同这位老师商量，一会儿再请那位老师帮忙，那时又没手机，不跑三四趟找不到一位老师。如果找三五位老师商量调课，就要跑一二十次才能落实下来。好在系里的老师个个风格高尚，体谅我，爱护我。三十多年以后，我要补课，弥补我对不起社会学系的地方。我要深深地感恩庞树奇老师、袁华音老师、蒋永康老师、刘炳福老师、沈关宝老师、华达明老师，还有几位已经离开人间的值得我尊敬的老师！

在社会学系，我是一边讲课一边写讲义，由学校用手动打字机，打印、装订成蓝皮讲义，发给同学。不久复旦分校创办了《社会》杂志，讲义经《社会》杂志刘达临老师删改后，在《社会》杂志上连载了一年多。家庭社会学是必修课，占2学分。说实在的，我那十多章讲义，良莠不齐，我的口才也不好，可是因为这门课关系到每一个人的切身利益，因此同学们对这门课程很有兴趣，还算满意。《解放日报》1982年3月18日在表扬复旦分校的教学时，还提了几句家庭社会学这门课，说："邓伟志的'家庭社会学'这一课，过去我国还没有人开过，观点和材料都是他本人研究的新成果。学生很爱听，还常和他一起讨论。"是的，我讲课很注重课堂讨论，启发学生发挥自由思想。我记得学生沈志义、孙自俊都在课堂上反对过我的观点，我本着求同存异、教学相长的态度，只着眼于他们的逻辑推理，给他们打了满分。我不主张把同学都培养成"小绵羊"。我给反对我的打满分，不等于我同意他们的观点，意在鼓励同学敢讲真话。

在社会学系兼课时，我有几点突出印象。第一，党委书记李庆云会用人，敢用人。分校是在"文革"结束不久成立的，"文革"遗风不可能马上去掉，很多人还在坚持政治挂帅，也有人在"以我划线"，认为这个人不能用，那个人不能用。李庆云从教学出发，大胆用人，例如社会上争议很大的戴厚英等。李庆云用了这类人，有人就向上告他。有人以"不提拔"来压他，他不在乎；有人用提拔他，把他调走，他不走。他决心与复旦分校共甘苦。没有李庆云，白手起家的分校不会聚集那么多人才。我深知李庆云为了提高分校的教育质量，受了很多委屈。第二，系、刊合一，相得益彰。第一个社会学系办的《社会》杂志也是社会学重建后的第一刊。当时，中国社科院社会学所办的刊物叫《社会学通讯》，我也在上面发过文章。不过，它是内部的，未公开发行。说起《社会》来，定刊物名称时校内外反复讨论、比较过几个名称，好久才定下来的。因为是第一家，颇为引人注目。办了不久，就有文章被外国转载。第三，系、会共振。上海市社会学学会是国内第一家社会学学会。当时北京叫"社会学研究会"，几年后才在武汉成立了"中国社会学会"。李庆云、袁缉辉等参加，分校去了好几位，我也跟着去了。上海成立这么早，得益于中国社科院副院长于光远的支持。他专程来沪，在成立大会上做了半天的大报告。他报告的内容，我至今记忆犹新。上海社会学学会成立后，为市社联"内学会"，配备两名专职干部，其中有一名是复旦分校78级毕业生蓝成东。在我任学会副秘书长、副会长时，学会的大部分活动要靠复旦分校社会学系。系与会关系很融洽，会长与分校书记亲密无间，秘书长与副秘书长常常是不谋而合，不约而同。第四，内外并举，专职教师与兼职教师通用共享。从复旦分校到上海大学，文学院都坚持一条：不为所有，但求所用。国内一流学者喜欢到分校做报告。费孝通、曹漫之、陈道，以及北大、南开、中山、华工的大教授都来过。我在分校听过费孝通、曹漫之等几位的报告，参加聘请费孝通、曹漫之等为兼职教授的仪式。复旦大学蔡尚思、金炳华等都在文学院做过兼职教师。

1994年我正式调入上海大学社会学系，任系主任。杨德广副校长和文学院吴圣苓书记冒着38度多的高温，到我家动员我来上大，让我感动。我来社会学系后，系里的大量工作，或者说全部工作都是由胡申生副主任、仇立平副主任、张钟汝书记做的。我只不过是连续写了几篇提倡建立社会学上大学派的文章。我常讲一句话："抛头露面的是我，埋头苦干的是他们。"这是我的真心话，今天我仍然这样说，这样写……

十九、"耳朵认字"的风波

"一滴冷水"滴在马蜂窝上

关于"耳朵认字",我出版过一本《伪科学批判记》。今天说一些书中语焉不详的故事吧!

大体过程是这样:1979年3月11日《四川日报》报道了一则具有轰动效应的消息:四川省大足县十二岁的唐雨能用耳朵认字,省委负责人接见了唐雨。这一消息迅速传遍全国,各地立即涌现出一批耳朵以及其他部位认字的男女。可是,我这个好奇的人并未为这"轰动消息"所动。我一笑了之。

1979年8月,我在北京车公庄2号北京市委党校参加大百科首卷审稿。上海一位朋友来车公庄看我,说起耳朵认字高手王斌、王强就住在市委党校对门的新华印刷厂职工宿舍。他还说,车公庄的王斌、王强比唐雨厉害。唐雨是把纸片贴在耳朵上的,而王斌、王强是隔着金属茶叶盒认字的。朋友准备去看看,拉我陪同。因为就在附近,我便随他去了。我们把写字的纸片放进茶叶盒,王强接过去,置于被衣服盖住的腋下。王强走来走去,我们忽然听出茶叶盒盖打开的声音,再过一会,她一点不错地认了出来。等我们把茶叶盒打开时,发现本来平整的纸片变皱了。如果不是取出了纸片,不论纸片在盒里如何摇动,也不至于皱到这个样子。我们心里有了点数。

后来北师大的老师把王斌、王强请到学校的实验室,拉我去看。北师大的老师把纸片用糨糊粘牢后,交王斌、王强姊妹俩去认。王斌、王强知道不拆开认不出,拆开了就露马脚,只得承认此时此刻情绪不好,认不出。

后来北师大老师又来了一手：信纸上没纸，可信封上有字。她姊妹俩认了一会，便说："没写字"。回答是对的，可是她们是怎么绕过信封而达于信纸的呢？

不过，此时我仍是把耳朵认字当作到处都有的变戏法看待的，不当回事。可是，当耳朵认字充斥电视台，走进科学殿堂时，尤其是上海科技出版社办的《自然》杂志把北京的两姊妹王斌、王强，称作耳朵、腋下认字的"冠军"时，我觉得他们是在瞎闹腾了，便同几位听信耳朵认字传言的友人说起在车公庄的见闻。哪知我讲的故事被听觉、嗅觉灵敏的记者知道了，叫我写出来。鉴于大肆宣传耳朵认字的人当中有很多是熟人，我怕伤了和气，便取了个化名。可是，稿子送到《文汇报》总编马达手里，马达说："人家说耳朵认字是真的，用真名。邓伟志说是假的，怎么可以用假名？"我对马达一贯很崇敬，便听了他的话。这就是用真名刊载在1980年1月7日《文汇报》上的《耳朵、腋下"认"字目击记》一文。

我在文章结尾写道："我这么说，可能是在刚刚兴起的'耳朵热'上滴了一滴冷水。"哪知事情没那么简单，是"一滴冷水"滴在马蜂窝上，引来了无穷无尽的麻烦：恐吓信、匿名信、向上告、出简报、骂我什么话的都有。有次，上海中医大学要我讲课。有人写信给中医大，并匿名打电话给我，大意是："如果邓伟志在讲话中批评耳朵认字，我们可以在会场外把邓伟志的讲稿飞出去，把讲台上的邓伟志打昏。"我去讲了，我一开始便把这信内容说给与会者，并要求任何人不得接近我在一米之内。我说：我讲稿是四张纸，在讲话过程中，如果少一张，都是"特异功能的伟大胜利"，如果在一米之外把我打倒，我承受，不报警，不起诉。那天讲了两个小时，会场秩序井然，讲稿安然无恙，我也平安无事。

一位将军说我"不看就不信"是唯心主义

在耳朵认字多次表演失败后，鼓吹者来了两计：一是把"耳朵认字"改为"人体特异功能"。改称"人体特异功能"，看来是退却，实则是进攻。

那就是说不仅耳朵能认字,而且人体各个部位都有神奇的特异功能,如隔墙取物、灵魂穿墙、肉眼从重庆看到大庆、肉眼看见死去多年的父亲,等等。这时耳朵认字已演化成为彻头彻尾的"活见鬼"的灵学。二是拉大旗,找后台。他们找了位上过大学、文武双全的将军。这位将军在看了特异人张宝胜和严新的表演后,信以为真,坚定不移地为所谓人体特异功能出钱出力,撑腰打气。那我自然而然地成了将军的对立面。

将军写信给国家科委领导,说"有个邓伟志,他说他不看特异功能就能肯定没有特异功能。这是典型的唯心主义"。听说同样内容的信,将军还寄给了总书记胡耀邦。

国家科委领导不把将军的信当回事。因为,他们不仅知道我在上海看过很多次,还知道我跟随他们国家科委研究室、中科院研究室,一起看过多次特异人的变戏法。

我在长春一汽看过一汽职工的女儿的耳朵认字。她表演时一定要拉着一位声称没有特异功能的小朋友一起表演。没有特异功能的小朋友可以走来走去,翻来翻去,她近乎明目张胆地偷看过后,再想方设法告诉那位有特异功能的小朋友。有特异功能的小朋友全然晓得后,假装不知道,故意在远处摆出发功的样子,然后准确地说出另一小朋友早已告诉她的那个字。他们"成功"了。最后,我掏出证件,把封底朝上,问小朋友封面上是什么字。几分钟后,我把证件放进衬衫上的口袋里。没有特异功能的小朋友无法翻看我的口袋了,有特异功能的小朋友自然也就认不出了。她爸爸聪明,通过另一小朋友,告诉有特异功能的小朋友,大声说:"工作证。"我再把证件掏出来,"记者证"三个大字赫然出现。我怕小朋友为难,安慰她说:"对了一个字,'证'字对了。"

我在河南郑州看过"舌头认字"。我采用的方法仍然是:先麻痹,后认真。麻痹,是为他们的舞弊创造条件,让她有兴趣测试下去;认真,是我要夺取最后的胜利,否则背离测试的目的。舌尖认字的女士先认出,后认不出。待我告辞出来,舌尖认字的女士急忙追上我,准确无误地说出了是什么字。我苦笑了笑，告辞是最大的麻痹。

我还在北京南池子欧美同学会，看过廊下一位女士与宇宙人对话。他们声称：宇宙人的话语是发射在这位女士身上的。我们确实听见了"嗡哼"、"嗡哼哼"的声音，但不懂"嗡哼"、"嗡哼哼"的意思。全部由女士翻译出来："您好"、"吃饭了吗"，等等。当时参加观察的有于光远、龚育之、何祚庥、林自新，记得还有好几位来自香港的科学家。大家一目了然戏法是如何变的，只因她是女性，不便掀开她的衣服看个究竟。

那么，将军怎么会说我不看呢？事出有因：报上说，南京农学院有位教师的孩子能够生殖器认字。有人叫我去看，我说："不看也能知道是假的。"

结果，不知是别人斩头去尾告诉了将军，还是将军自己断章取义，便把我这话告到了上边。争论最忌情绪化。情绪化是阉割事实和真理的刀子。

得罪了钱学森

对大科学家钱学森我一直是很崇敬的，钱学森对我个人也是很关心的。

1980年钱学森正在把自然科学和社会科学融为一体，建立体系。他需要年轻人为他做些具体工作。他身边有人向他建议，上海有个邓伟志，"文革"前搞社会科学，"文革"中搞自然科学。钱老便在办公室召见了我，谈天说地，兴致勃勃，大有把我留在他身边的意思。

哪知，就在这之后他发表了一系列为伪科学打气的言论。他说，特异功能"可能导致21世纪的新的科学革命，也许是比20世纪量子力学、相对论更大的科学革命"，是"一场真正的文化革命"。他还说："特异功能是社会主义的绿叶。"我知道后伤心透了，他是调子最高的一位。我为他惋惜。我对同事讲，特异功能的表演是真正验证了"君子好欺，小人难骗"。我邓伟志是小人物，不管他们耍什么花招，我们会不留情地揭露。君子则不同，看表演时正襟危坐，不会"one by one"地盯住表演人不放，不消说君子是难以看出破绽的。这是对钱学森值得理解、应当原谅的地方。

兵对兵，将对将。我想起了国内外知名的研究脑生理的大专家张香桐。他过去同我讲过国家多次请他鉴定类似特异人的故事。他说，1964年广州有位少女，声称能看到密封信的内容。有人当初不信，后来因为看不出有什么骗人的花样，就信了。层层上报，因为张香桐跟钱学森一样，也是1950年抛弃在美国的财产，乘着到瑞士开会的机会，只身提着小皮箱回到国内的，是国内一号脑科学家。广东发现这般奇人，便要他去看看。他从理论上不信，却发现不了少女有什么舞弊行为。只是感到少女在拿到信封后，总要去一趟卫生间，似乎不合常理。这次少女又去卫生间了，陪同张香桐的研究所党委书记对在场的几位专家说："我已这把年纪了，早就没那回事了，我到卫生间去看看。"他趴在马桶间的门下向上一看，发现少女根本没有大小便，而是拿着"高级"的工具、药品在拆信封。我想钱学森大概就是因为身边"没有跟特异人上厕所的助手"，才对伪科学信以为真的。

可是，钱老无论如何不应当把这几个人的"特异功能"捧得这么高，提到"科技革命"的高度，实在有"大跃进"时大喊"亩产万斤"的酸味道。"吾爱吾师，吾犹爱真理。"我针对钱老的"绿叶论"说了句："特异功能不是社会主义的绿叶。"后来这句话上了简报。钱老看了，叹了口气，对身边人说："唉！这个人真是……"

下面的话不用说了，在钱老建立的文理相通的学科体系图表里，没有我一滴汗水。

以科学战胜伪科学

我们决不能让伪科学泛滥。伪科学闹腾到哪里，我们就必须揭露到那里。当前反邪教，我认为伪科学是为邪教作铺垫的，伪科学是邪教的温床。坚持以科学战胜伪科学，邪教就没有了市场。伪科学是以宣扬其神奇来蛊惑人的。神奇到一定程度，他们必然变成"奇神"。在后期的特异人中最神奇的是张宝胜，他也是最受钱学森和前面提到的那位文武双全的将军所器重的。他声称"兴安岭大火是他发功灭掉的"。这本事够大的了。大家想想,三十多年前的兴安岭火灾造成了多大损失!消防人员做出了多大牺牲,才灭掉大火的。张"奇神"吹口气就灭了,多神奇啊!可是"神奇"、"奇神"经不起科学的批评,既经不起自然科学的批评,也经不起社会科学的批评。有一位学人在听了张宝胜的吹嘘后,顶了张宝胜一句:"你是不是中国人?你有本领灭火,为什么等损失很大以后才去灭?你有没有中国良心?"这一问,张宝胜从此再也不讲兴安岭大火是他灭的了。有人故意提起他灭兴安岭大火的事,他自我解嘲地说:"那是开玩笑的。"

科学是邪教的掘墓人。为什么大科学家也会相信并宣传伪科学?道理很简单。术业有专攻。任何大科学家都不是全能的。在自己专业内的,有发言权;出了自己的专业,很难说有多少发言权。对导弹,钱学森最有发言权;对生理,张香桐最有发言权。再,好奇是科学家必备的素质。可是,不管抓到一个什么"奇"就以为是伟大发现,那也是科学家的大忌。科学是老实学。

二十、大题小做也惹麻烦

大题小做与小题大做

1984年上级布置我们基层都要学习一篇关于人道主义和异化问题的大文章。我是这篇文章作者上世纪50年代的老秘书庞季云的学生。1963年冬,作者在上海休养时,突然由华东局秘书长李宇超陪同下,来我们淮海中路1813号中共中央华东局政治研究室。庞季云等都不在家。室里只有王松年和我。他说是来看我们的图书室的。他立在我们的杂志架前面,上下左右扫描了一遍又一遍,就是不说找什么,只是讲:"你们杂志不多嘛!怎么连《文艺报》也没有?"王松年告诉他,可能被同事借去了。我连忙从同事的桌上把《文艺报》拿来递给他。他很认真地看了又看。第二天我们便知道他是来找周谷城"时代精神汇合论"。

那时候不仅是我,我们全室的人都对这位党内的理论权威很尊重。可是,这回看了他《关于人道主义和异化问题》的长文,觉得他过分强调了在人道主义上的社会主义与资本主义的区别,过分强调异化的唯心与唯物的区别。在人道主义问题上,社会主义与资本主义是有差别的,但是更有共同点。看见老人跌倒在地,是不是要在问明白他是社会主义还是资本主义以后,再决定扶不扶呢?生物有遗传也有变异。没有变异,世上怎会有今天这么多物种?没有变异,古猿不下地直立,说不定地球上直到今天还没有咱人类的影子呐!人与猿尽管在基因上很相近,但已异化得面目全非了。

社会主义大厦有基本的框架,但是社会主义也不会只有一种模式,不会只有一种风格。在马克思、恩格斯的著作中提到过好多种社会主义。他还说过"半社会主义"哩！在马恩仙逝后，世界上涌现过很多社会主义国家，难道都一样吗？社会主义史上，出现异化的社会主义绝不止于一处两处。今天有的国家的政党就叫"社会主义党"，我们视其为兄弟党没有？

对这些值得商榷的观点在当时的政治气候下，是不宜直截了当说出来的。就是容我开门见山地写出来，我也没本事说明白。

可是对文中的知识性错误还是可以探讨的吧。"大题"上不便做文章，我就来了个举重若轻，在"小题"上做文章。该文提到美国的卓别林。卓别林长期在美国，可他从来不愿加入美国籍，一直保留英国国籍，因为他看不惯美国巨大的贫富差距。

搞错一个人的国籍，哪怕是大名人的国籍，也算不了什么大事。可是，小中可以见大。我写了一篇题为《"影象"的印象》。先从鲁迅有过笔误，把"印象"写成了"影象"，再扯到这篇文章搞错卓别林国籍。我首先强调这"是难免的"，大力为作者开脱。

接着我把笔锋一转，写道："可是令人费解的是，文章事前送给了那么多专家看，为什么竟没有一人提出来呢？"再接下去写道："总不会都没有发现吧！我看这里可能也有一个'怕'的问题。"

在文章结尾，我把"小知识"放大到"民主"。我这样写道："这些事情虽小，但告诉我们一个问题：要创造一点学术民主的空气，要培养人们的知识勇气，不那么容易，还要花很大力气。没有一个'敢'字，什么创新呀，改革呀，都是一纸空文。"这就触到了问题的"痒处"。

这不是我故意"小题大做"，事实就是这样。作者把文章上送前，大约征求了四十位专家的意见。不用说，这四十位一定是一流的、超一流的大专家。四十位当中的绝大部分，我是只读其文，未谋其面，但也有几位是熟悉的。我深知：他们当中确有不敢在观点上对文章提意见的，也有敷衍作者的。想想看，如果四十位大专家都热心、都勇敢，怎么会在一篇文章中出现好几处（不止卓别林国籍一处）知识性差错呢？

再一点，据参与写作的中宣部理论局的一位先生记载，作者在讨论人道和异化的过程中有过多次"非常生气"、"十分恼火"。在十分恼火的时候，是很难听得进不同意见的。当然，我也猜得出，作者在不恼火的时候，会讲民主，会团结反对自己反对错了的人。

《人民日报》载文反驳我

《"影象"的印象》一文写好后，寄到哪里，我费了一番脑筋。第一，要寄大报，不能寄小报。因为我这文章是"文革"后第一篇点名批评作者的。小报不会刊登。第二，大报只有《人民日报》，可是如果寄给副刊部，说不定副刊部不仅不发，还会发个"内参"，把我当反面角色上告。第三，寄给《人民日报》总编。总编是"大器"，也一定大气，不登就不登，不至于在背后捅我一刀。果然不出所料，寄给总编没几天就在1984年5月28日的《人民日报》上发表了。

发表后六天，《人民日报》就刊出了批评我的文章，说我没调查，不了解文中的知识性错误是在什么时候加上去的，还说我有"横扫"专家的意思。我自然不能接受。我要反批评。

支持我观点的大百科上海分社社长陈虞孙先生不赞成我再写反批评文章。他根据自己几十年办报的经验分析，六天后副刊发出反批评文章，速度之快，是有来头的。我认为他这话在理，但是我作为当事人，就不那么冷静。

我跟《人民日报》文艺副刊部联系，表示我要写反批评文章。他们劝我不要写，写了他们也不会发。我说："上边一定在注意我的动向，与其让人家把我的动向歪曲，不如我自己把动向送上门。"

就这样，我写了一封信给《人民日报》文艺副刊部，大意是：批评我没有调查的意见很好，我确实没调查。我是不完全知道那么多知识性错误，哪些是征求专家意见前就有的，哪些是征求专家意见后加上的。请有关方面给我提供调查的方便。待我调查后，再写。

批评我的文章用的是化名。我起初不知道是谁写的，我也不管是谁写的。不是有句话,叫"真理面前人人平等"吗?后来我知道了是谁写的。原来我与他有点认识。他也许晓得了我知道是他写的,便给我写了封信。他也是该文作者之一。后来,由于我与他在另外一些理论观点上看法一致,我俩成了挚友。我生病,他偕夫人来看我;他病逝,我参加了追思会。

学人,以学为重。

可是,不知怎的,从那以后麻烦事一桩接着一桩。不过,再换个角度思考:人不就是为了迎接麻烦而生的吗?如果没有麻烦,生活岂不是太单调了。喇叭不能"声咽"。为了迎难而上,我陆续写了《与世有争,与人无争》、《充分的自由是不可逾越的阶段》、《论敢》、《山崩于前》、《清静之余》、《站在中流砥柱上》、《坐冷板凳》、《腰》、《学着对付折腾》。我公开承认自己是争议人物。我名邓伟志(其实"邓伟志"也不是我的原名,我原名"邓天纵"。读小学时,为避开国民党的迫害,老师匆忙替我改为"伟志"),号就是"争议"。我在《与世有争,与人无争》一文的结束语中是这样写的:"'与人无争'是"'绵',是宽容;'与世有争'是针,针砭时弊之'针'。这或许也算是'绵里藏针'之一种吧!"

二十一、"邓氏三论"的插曲

"玩笑话"成了"正经话"

上个世纪80年代，我有三篇文章引发讨论。一是《家庭的淡化问题》(《文汇报》1980年9月28日，后又为《新华文摘》转载)，二是《中国的学派为什么这么少》(《文汇报》1984年10月24日)，三是《淡化"当官心理"——谈当官与做学问的函数关系》(《文汇报》1985年6月27日)。区区三篇小文章，同身经百战的老学者相比，不足挂齿。

只因为有一次，《上海滩》主编吴云溥召开一个小型座谈会。会议开始时，他一一介绍与会者，轮到介绍我的时候，他出乎我意料地说："这是'邓氏三论'的作者邓伟志。"我有点难为情。与会者中有位杜宣老先生。我们见过几次面，笼统地知道他是上海地下党出身，具体的我不甚了了。休息时，我问："杜老！你在地下党的时候具体做什么？"杜老还没回答，已被坐在旁边的上海史专家唐振常老先生听到了。他说："你这'邓氏三论'作者真差劲，你连他都不认识。地下党市委就在他家里。我看应当罚'邓氏三杯'。"唐老这一句话逗得大家哄堂大笑。

"三论"借"三杯"而传开。《文汇报》听说后，很快发表了一篇专访。后来，广东、香港也宣传了"邓氏三论"。"玩笑话"从此变成了"正经话"。这"正经话"归根结蒂还是"玩笑话"。

因为有这三篇文章的理论之争，有人把我称作"争议人物"。我也坦率地承认"我的号就叫'争议'"。有关详细的争论情况恕我不在这里赘述，这里说几个插曲。

一位技术员向《文汇报》提出"还我老婆"

我写家庭淡化纯粹是为了批判"夫荣妻贵、父荣子贵、子荣父贵"的"裙带关系",为了"限制特权",为了避免"老子英雄儿好汉,老子反动儿混蛋"的悲剧、闹剧重演。没想到赞成的与反对的会有那么多人,会那么强烈。

记得有一位上海工具厂的技术人员,大概是一门心思扑在工作上的优秀技术人员,料理家务的能力相对比较差。他妻子是位中学教师,业务能力很强。教育部要借调这位女教师去北京一段时间编写辅助教材,她本人很想去北京。可是,她如果去北京,家务就要全部落在那位技术人员身上。技术人员想来想去承担不了,便不想让妻子去北京。妻子认为,这差事别人想去都不得去,如果放弃这个大好机会实在太可惜了,如放弃更是对教育不负责任,于公于私都不好。但是作为妻子,她也觉得甩手一走,会给丈夫带来很多不便,一直犹豫不决。

9月底的一个礼拜天,夫妻俩正在就去不去北京讨论得热乎时,家里订阅的《文汇报》来了。他妻子拿来一看,两眼盯在《家庭的淡化问题》一文上。从头看到尾,一字不漏。看完后,把报纸往丈夫手里一扔,说:"我定了!去北京。家里的事再大也没有国家的事大。我要淡化家庭了。"

技术员看了文章也觉得有道理,同意妻子走了。妻子走后几天,技术员家里、厂里两头忙得不亦乐乎,越想越不高兴,一肚子的气都责怪到《文汇报》的文章头上。便把上述过程写了一封长信给报社。看得出,他这封信是一鼓作气、一气呵成写出的,字迹潦草,还有错字漏字。结束语是:"还我老婆!"

做人难,做学人更难。在人际关系上,宽容是不可少的,但是在理论上是不能妥协的。即使政治上容许让步,容许妥协,在理论上也是不能容许妥协的。妥协意味着倒退。妥协就不配叫学人。因此,十年后的1990年,我写了《再谈家庭的淡化问题》。又过了十年,2000年,我写了《三谈家庭的淡化问题》。此外,我还写了好几本家庭学专著,里面都饱和着墨家的"视人之家,若视其家;视人之身,若视其身"的家庭淡化的思想。

看看21世纪的今天,肮脏的半世袭、类世袭在中国、在世界严重到了何等地步,就能明白要不要再写家庭的淡化问题了。

中办来信鼓励

《中国的学派为什么这么少》一文发表后,读者刨根问底,讨论得很热烈,连一些大学者也投入了讨论。如冯兰瑞等都发表了看法。来稿太多,版面容纳不下,《文汇报》的内刊《理论探讨》也同时就学派问题展开讨论。有些报刊也对文汇报的讨论作了报导,刊出综述。

忽然有一天我接到中共中央办公厅一封信,打开一看,是手写的一封信,说:"耀邦同志认为你的文章对于贯彻双百方针,繁荣学术事业是有益的。希望你……"我看了久久不能平静。耀邦同志那么忙,还关心我这小人物。领袖与群众心连心哦! 1975年耀邦同志任中国科学院党委书记时,曾肯定我们集体编写的《人类的继往开来》连载,并委托古人类所副所长吴汝康等三人来沪当面交流。不过,我们是听吴所长讲的,没见到文字。这次见到了盖有中办大印的信函,分外高兴。交《文汇报》张启承老师阅后,张老师就把信上的意思融进了《文汇报》的按语。

1985年初,在上海市社联召开的座谈会上,在有学者提起《文汇报》的讨论后,我怀着激动的心情说:"最近几个月《文汇报》开展学说、学派的讨论,是在胡耀邦同志鼓励、支持下开展的,一步步在深入。这个讨论虽然是我引出来的,但是后来的文章都比我深刻、尖锐,击中要害。这表现在后来的文章,大声疾呼学术民主。民主出文章,自由出观点,民主出学术,自由出智力。社会主义经历了由学说(马克思主义学说)到运动(工人运动),再到制度(社会主义制度),最后又到文化(社会主义文化)的四步。从一定意义上,可以认为现代文化是由各种学说组成的,是由学派来显示的。社会主义学说还要发展,还要经历若干阶段。左,有时来自一些领导同志,有时也是我们自己吓唬自己，层层加码。有人搞宗派有术，搞学派无方。学派少，宗派就多。有了学术民主，有助于克服'左'，会促使人没有时间搞宗派。有了学术民主，学术才能繁荣，就不会下笔如有'绳'，而是下笔如有神了。没有惊鸟之弓，就没有惊弓之鸟。"

淡化当官之后当官了吗？

我一向认为自己不是当官的料，我自幼追求的是读书、写书。在高中毕业前夕，语文老师和英语老师说我漂亮、有外交家派头，在她鼓动下，我一度想当过外交官，幼稚的我在高考时居然报考从来不收应届生的外交学院。后来知道外交学院不收应届生，白填了个第一志愿。进不了外交学院，也就死了当官的心。读大学时我在市青年宫指导下，负责全校学生的"鲁迅奖章读书运动"，更加加深了对读书的认识。几十年来，我接触过一些学者，我看他们也不宜当官，如上个世纪七八十年代无人不知的数学家陈景润，他不愿当官的做法是对的。我坚信，如果叫他当官，他连个小组长也当不好。1978年的全国科学大会上，我采访过他，他说不出几句政治语言。我还接触过一位很了不起的天文学家，他胸怀亿万颗星星，却不擅长做身边人的思想工作。

相反的，我也观察到，在我国有些学者太追求当官了。早在1979年我就写过《让教授回到教室和实验室去》(《文汇报》1979年9月19日)。我说："在一些资本主义国家，教授不上讲坛不得超过一年。有位教授当上了国家总统，依然在大学里兼课，不使业务荒疏"，文章强调"社会有分工，术业有专攻"。如果1979年在中国弃学从政还只是露出了一点苗头，那么六年后的1985年，则愈演愈烈，于是我提笔写了《淡化"当官心理"——谈当官与做学问的函数关系》。再看看21世纪的情况，翻一翻今天被中纪委处理的那么多官员的履历，就可以看得一清二楚了。那些受贿以千万计、亿万计的官员，虽然没讲他们犯有行贿罪，但我敢断言，他们中的绝大部分人都有行贿行为，甚至还有少数人就是为了行赌而受贿的。也许将来会抓出更大的老虎，只有那特大老虎有可能是只受贿而不行贿的。受贿者干嘛要行贿？很简单，买官呗！现在公务员考试的录取率是80∶1，800∶1，吓人呐！这还不恰好说明很多人的官瘾大得快到极限了吗？当然啰，这也恰好说明我那1985年的文章写得不好，没有说服力，打动不了人。本来嘛！咱"人微"必然是"言轻"。"言轻"之作岂能扳得过吏制！

另外也有人说，这是因为你邓伟志言行不一，口头讲的是淡化当官，自己做的是大官。他们指的是我当上了民进中央副主席。

诸君可能有所不知，我之所以愿意当民进中央副主席，是因为这"副主席"不是钦定的，是在民进的第七次代表大会上，由17个代表团提名，由全体代表直接选举的。这"直选"，属"另类"。这另类的副主席是在民主进程上迈出了一大步。这样的"另类副主席"不当，对得起"直选"吗？

再一点，诸君可能有所不知，这"中央副主席"不是官，民主党派领导人只有在地方或全国政协、人大里当个什么头儿，才是货真价实的"官"。我既不是地方政协副主席、人大副主任，更不是全国政协的副主席、全国人大的什么。我这民进中央副主席在民进没有批过一分钱，没有安排过一个人。只有一次在上海，民进机关去调两个教育界的人，调了几次调不进来，才叫我这教育界的教授前去打个招呼，调了进来。我实际担任的最高官位是上海大学社会学系系主任。不消说，这"系主任"也是个很高的位置，况且这个上大社会学系不同一般，是社会学在中国恢复重建后第一个成立的社会学系。百年树人，我担纲的是似官非官的树人育人的百年大业。

二十二、"妇女学"提出之烦恼

分享到具有号召力的按语

中国大百科全书总社成立之初的办公地点在北京史家胡同。中国大百科全书总编委常务副主任于光远的家就在大百科对门。我这个中国大百科全书上海分社的编辑被借到总社打杂,不久又被转手借到于光远那里打杂。1981年底,光远同志在整理他那堆积如山的资料时忽然发现毛泽东、张闻天为延安《解放日报》合写的有关家庭问题的未发表的社论底稿的手迹。毛泽东在原稿上改动了六十余处,加上了1184个字。这个消息传出后,除了马上引起党史界的关注以外,也引起全国妇联的极大兴趣。

全国妇联还有个地理优势,他们当时的两处办公室都在史家胡同西头。因此,妇联不断有人来于光远家中欣赏毛泽东的手迹。光远同志安排我查找毛泽东、张闻天写这篇文章的前因后果。有一天,我帮助光远同志接待全国妇联研究室主任侯荻阿姨。受大百科学科意识的熏陶,我斗胆向她提出建立一门"妇女学"。作为妇女理论家的侯荻阿姨马上赞成,鼓励我尽快写出来。可是不久我又离京回沪,这事就搁了下来。1982年我在《解放日报》(1982年11月26日)上发了《妇女问题杂议》一文,笼统地提出"加倍重视妇女学研究",没有充分展开来写。

一门学问能不能称得上学科有三个条件:一是有无独立的研究对象?妇女学以妇女为独立研究对象,除了与占人口比例微乎其微的两性人有点交叉外,泾渭分明,不存在任何瓜葛。二是有没有形成自己的概念、范畴?妇女研究早就形成了许多独有的概念、范畴,尽管还有继续丰富、充实的空间。三是有无自己的研究方法?在眼下的妇女研究中天经地义地运用了社会学的方法,同时也有自己的方法。

1983年,我又在北京大百科总社住了一段时间。很巧,在一次生活方式研讨会上遇见了侯荻同志。她再一次催促我把妇女学文章写出来。为了不辜负老人的委托,我写出了《完善和发展妇女学问题》,发表在侯荻主办的《妇女工作》1984年第9期上。文章的第一部分讲妇女学建设的必要与可能,第二部分讲"妇女学的理论框架",第三部分讲妇女学的中国特色。

侯荻同志为这篇文章加了一个编者按:"当前,全国妇联和省、市、自治区妇联,把妇女问题的社会调查和理论研究,摆上了重要议事日程,以逐步改变妇女运动理论落后于妇女工作实践的局面。因此本刊从这期起刊登了一些理论文章,对妇女运动出现的问题进行探讨。我们欢迎各级妇联干部和热心妇女问题的同志积极地进行研究,并踊跃给本刊投稿。"

文章被加按语的事我碰到过,但是如此具有号召力的《编者按》对我来讲还是第一次。这是鼓励和鞭策,同时也说明侯荻是妇女学的催生婆和向导。妇女学后来的蓬勃发展,应当说,与这个高屋建瓴的按语有直接关系。

《完善和发展妇女学问题》发表后不久,从妇女界传出:有领导认为文章的观点是"西方的",是"资产阶级的","建立学科要经中央批准",等等说法。我不以为然,便针对传言从正面写了题为《迎接妇女学的黄金时代》,发表在《中国妇女报》1986年1月27日上。我在文章中写道:"妇女学更不是像有些人所说的那样没学问,而是一门分支众多的交叉学科、边缘学科。"大喊:"普天同'研'、普天同'学'妇女学。"《中国妇女报》也加了一个比《妇女工作》更长的按语。该报在"编者按"中指出:"我们相信,经过一个自下而上,从自发到自觉、从零碎到系统的探索之后,一门新的综合研究妇女问题的学科一定会产生。"

受到理论权威批评之后

没想到,一个多月以后,全国妇联一位副主席在1986年纪念"三八节"

时发表了一篇题为《重视妇女问题理论的研究》的长文（见《经济日报》1986年3月8日），指出：所谓"妇女学"是美国的，"在思想体系、服务对象、奋斗目标等方面"，与我们的妇女解放理论都是不同的。——这长文的发表印证了那些传言不是空穴来风。

我十分苦恼。因为批评我观点的老人是我所崇敬的，老人是妇女理论权威。我还知道，中央早在河北平山县西柏坡就委托她起草婚姻法。她对新中国的第一部婚姻法做出了很大贡献。可是，我左思右想，正因为她是权威，如果照她权威的思路搞下去，中国妇女学就会被扼杀，还真会大大落后于西方。

为了中国的妇女学，我决定答辩。实践是理论之源，讨论是理论之流。只有源没有流，就会横流。我立即写了《中国应该有妇女学》，副题为《与××商榷》（载《社会报》1986年3月25日，当时不是"××"，是直呼其名的）。我知道，批评我的人是侯荻的领导。我揣测侯荻也会受我连累。多年的政治斗争经验告诉我，不能与侯荻联系，否则就是什么串联。我不能给即将离休的老革命侯荻添乱。我只有四十多岁，跌倒了还能爬起来，文责由我一人承担。

批评使人进步，即使是不正确的批评，如果能正确对待，也会使人进步。打了这场笔墨官司以后，激发我更加支持妇女学发展的热情。我大体上做了三方面的工作：第一，奋笔疾书。我写了《妇女学在中国》、《妇女理论研究的第三次洪峰》、《中外妇女学的研究状况》、《缓解女性角色冲突八点》、《进一步推动妇女劳动就业》等。第二，推动友人的妇女学研究。这就是为李敏的《妇女学基础》、为湖南的《妇女学概论》、为上海的《妇女百科》、为安徽的《中国历代女性悲剧》等书写序。第三，积极投身于妇女学的学术活动。从东北到西南，哪里有妇女学的学术活动，要我去，我尽量去。妇女学是妇女运动的指南。我千方百计让妇女学在中国这片热土上生根。

不许我参加世妇会以后

1994年世界妇女大会在中国北京召开，上海市妇联提名我参会。可是有关领导从政治上考虑不同意我参加世妇会,害得上海市妇联和上海社科学院急急忙忙跟我打招呼。他们也是出于无奈。我知道责任不在市妇联后,便一点不客气地对市妇联同志讲:"新中国第一个提出妇女学的,不能参加世妇会是不应当的。"她们也只能是苦笑了一下。

随后,我来了个"阿Q"。当我知道在北京、山西、陕西等好几个省的学者在提交世妇会的论文中都提到我。北京市妇联编写的《中国妇女理论研究十年》(中国妇女出版社1992年版)一书也用了几百字的篇幅肯定了我为中国妇女学喊出的第一声。书中写道:"中国大百科全书出版社上海分社的邓伟志率先提出妇女学这一概念。"因此,我自我解嘲地说:"对世妇会,我是魂到人未到。"

在得知不同意我参加世妇会后,为了争口气,为了向世妇会献礼,我急急忙忙编写了《妇女学呐喊》一书。内地的出版社说,时间紧,来不及。我请澳门的朋友吴志良先生帮我在澳门出版社出版。兵贵神速,不几天就印了出来,赶上了送到世妇会。世妇会后,我又修改补充,在云南出版了《妇女问题杂议》。2013年出《邓伟志全集》时,又把我有关妇女学的文章,收在第10卷,即《妇女学卷》。

在受到肯定以后

1999年全国妇联成立中国妇女研究会,彭珮云为会长,我为常务理事。2004年第二届中国妇女研究会顾秀莲任会长,我任副会长。鉴于中国妇女研究会的换届不是与全国人大换届同步,2008年顾秀莲不再担任副委员长,也不再担任全国妇联主席。中国妇女研究会虽然不到换届的时候,她也相应地不再担任中国妇女研究会会长,而由新任全国妇联主席担任中国妇女研究会的会长。我们副会长仍然不动,拖了一年后,换届时间到,我就不再担任副会长了。

这种安排,是对妇女学的肯定。肯定了妇女学以后,我做了两件事:

第一件是讲出侯获阿姨在推动妇女学研究中的作用。在受批评时,怕牵连侯获阿姨,我只字不提侯获阿姨在倡导妇女学研究中的贡献。如今情况变了,我不能不讲她是如何支持和督促我的了。2006年我写了篇《二十年后公开一件好事》,把本文开头那些话一五一十地说了一遍。人不能贪天之功啊!

第二件是不再讲出批评我的那位妇女理论家的名字。过去点名批评过她,今天为什么避而不提了呢?一则是她已驾鹤西去,我不忍直呼其名。再则是她的丈夫晚年在天津出版了一本几十万字的回忆录,被人扣上了什么"化"的帽子。这是不公道的。尽管二老都已离开人世,我也不忍在他们生前的伤口上撒盐。

"世上多少事,都付笑谈中……"

二十三、引人乱猜的《马克思主义的"突破"》

对"马克思主义多样性"怎么看？

我在前面口述时说过，有几年读马列是上级交给我的任务。我是认真读的。在"文革"中，机关分成两派，我是很痛苦的。原来一起共事，相处很好，你们的职位都比我高，实际水平也比我高，是我学习的榜样，怎么说翻脸就一下子翻了脸呢？由于我地位低微，不管加入那一派，对他们来讲都无足轻重。另外，我也隐隐约约看出来，两派头头中有几个人是为了显示革命性强，日后会得到重用才带头造反的。而我呢？我绝不是当官的料，我只会读书，我也只愿意在著书立说这条路上走下去。我想我必须跟他们保持距离。

在当时那种情况下，不参与机关两派是落后的表现，是不能立足的。我要有充足理由才行。这理由就是，我本来是读马列的，我今天还必须继续读。开始我是边读边做卡片。为了说明不去开斗争会，是在读马列，我要向头头出示所抄写的马列卡片。后来，他们嫌烦，默认了可以不出示。所以，"文革"头几年我偷闲又读了一阵马列。

对马列我是有感情的，我是佩服的，直到今天依然故我，直到今天我对推倒马列塑像的行径不敢苟同，对德国等国家仍旧保留很多马恩塑像，仍旧保留很多马克思大街，我认为这才是尊重历史。但是，对马列也不是没有一点异样想法。一是，马列自身也有前后不一致的地方。虽说是合理变化，但也有不合理的变化。这叫我们信那种说法？再加上，他们的全集有些地方是把初稿、定稿都收进去的，更显得他们说法不一，让我们莫衷一是。二是，有些人引用马列，存在各取所需的倾向。说得好听是"各取所需"，说得不好听是"有意歪曲"。包括翻译也有"六经注我"的味道。三是当时自我标榜为"社会主义"的十一个国家，还有非社会主义国家里的那些马克思主义政党，仅从过去公开发行的《和平与社会主义》杂志上，就能清晰地看出、听出、嗅出大家是各唱各的调，有的甚至是南辕北辙、大相径庭的。

各不相同怎么办？要么是互相否定，我给你扣"修正主义"帽子，你对我挥"教条主义"大棒，要么是互相尊重，彼此切磋，承认在大原则一致的大前提下，求同存异，承认马克思主义的多样性。再仔细回顾历史，哪一种成气候的"主义"、"学说"里面，没有繁花似锦的支系和派别呢？

在"文革"那种严峻形势下，这些想法是不能外露的。露一句就要在脖子上留下"碗口大的疤"。在"文革"那种严峻形势下，只能听任一些人"唯我独'马'"。"文革"后，上世纪80年代初，我抱着一摞书向我"文革"前的老领导、当时的上海社科院党委书记洪泽讲了多年来埋在肚子里的上述想法。我相信，经历过政治风浪的他与我，是能互相理解的。即使他不完全同意我的看法，我坚信，他也不会把我这个老部下当靶子来打。他仔细听了我的讲述，鼓励我写出来。我花几天工夫写出了《论马克思主义的多样性》，刊载在上海社科院的《学术界动态》(内刊)1985年第3期上。洪泽征求了一些学者对我文章的看法后，他在《学术界动态》1985年第3期上写下一段很长的批语，要作者我展开来写，扩充后公开发表。我又花了个把月的时间写出《马克思主义发展中的多样化问题》一文，发表在上海社科院的公开刊物《社会科学》1985年第6期上。

不久，上边列举了理论界的几个提法为"资产阶级自由化"言论，其中"马克思主义多元化"，被列在前头。我知道我撞到枪眼上了。我等待有关方面的"裁判"。我不再找洪泽，不想再给他添麻烦，更不想牵连到他身上。一人做事一人担。洪泽一直身体不好，在华东局里他有个外号叫"半个人"。因为上海有位老干部"文革"前审查他历史时，他说能证明他历史没问题的"只有一个半人"。这"半个人"就是洪泽。洪泽当时正在住院，仅有半条命，传出去的是"快要走了"。因此，那老干部在交代时，就建议组织上赶快找病危中的洪泽写证明。从此，洪泽的同龄人就戏称他为"半个人"。不用说，我们小字辈是从来不提"半个人"的。今天，我又怎能忍心在我的问题上给年迈体弱的老首长增加精神压力呢？在上级审查文章的过程中，我只字不提洪泽二字。只管继续攻读马列，准备反批评，考虑再写文章。

很快，社科院的结论出来了。出乎意料，结论大意是：邓伟志讲的是"多样性"，不是"多元化"，不属于"资产阶级自由化"言论。报上去以后，上面也同意社科院自查的这个结论。

我明白，这是社科院在保护作者。

"小车不倒只管推"

马列水平高低不是用看过几遍来衡量的。不读马列固然难成马列，只读而不践行也未必能成马列主义者。我不能认为自己读得多就是读懂了。在两篇讲马克思主义多样化的文章发出去以后，尤其是在文章受审查期间，我更加花时间学马列，努力把握马列的精髓。我边学边写，边写边发，发表是为了接受社会监督，接受社会检验，以利于提升对马列的认识。

仅仅在1986年这一年我就发表了十来篇讲理论研究的文章，如：《理论上要有突破》(《文汇报》1986年5月4日)、《首要的是个"百"字》(《文汇报》1986年5月25日)、《庆贺观念的'短命'》(《青年一代》1986年6期)、《提高理论勇气加强理论建设》(《理论探讨》1986年1期)、《马克思主义研究中的"突破"》(《人民日报》1986年3月21日)、《批理论上的自由化可要慎重》(《文汇报》1986年4月2日)、《学术生态学札记》之一、二、三(《解放日报》1986年4月9日、4月30日、5月21日)。在这些文章中，我提出"强化宽松"，强调"既给流行的观点以生的权利，也给被人视为'异端'的观点以生的权利"。我不赞成以旧"尺度"来衡量新理论。后来,我又利用在上海市政协开会的机会,讲《理论的使命在解放,理论亟待着解放》。随后,《世界经济导报》把我在上海市政协会上的发言,发表在1988年4月25日的《世界经济导报》上。我说:"上海的理论家们都是'解放军',有条件自己解放自己。"

在这些文章中比较引人注目的是《马克思主义研究中的"突破"》。境外、国外有人说,此文表明中国将抛弃马列。更多的是,说没有"邓伟志"这个人。"邓伟志"是"中南海的笔杆子",是"邓小平有伟大志气的意思"。"大参考"上连续发了几天对文章的评论。我看了啼笑皆非。对这般胡乱猜测我能理解:谁叫咱没名气的?人家不了解你,只好东猜西猜。我左思右想,咱不能默认自己是"中南海的笔杆子"。我喜欢中南海,也去过中南海,但是咱离"中南海的笔杆子"还有十万八千里。更有人瞎猜说,邓伟志是邓某人的儿子。看了这般误解,我想我必须站出来澄清。我立即致信香港的一家杂志,并写出《我的爸爸》一文,发在1986年3月的《新民晚报》上,说明我不是"邓某人的儿子",我没有大后台。我是普通人,我父亲也是普通人。说清楚没背景,无后台,读者尽管"投鼠"而不必"忌器"。

《学术生态问题》一书的流产

由于我就学术生态学问题发表了一堆文章,几年后,《人民日报》出版社约我写一本《学术生态问题》,加入由《人民日报》原总编辑胡绩伟主编的《民主系列丛书》。我很高兴。我知道在真理标准讨论中,《人民日报》的所起的作用,胡绩伟所做出的贡献。我黾勉从事,寸阴是竞,按胡老要求,写出了十多万字的书稿。上世纪80年代末,书稿审定完毕,出版社还发了预告。我以为笃定了。出书前,我请赵朴初先生为书名题字。他老人家翻阅了目录及部分章节以后,高兴地写了两幅"学术生态问题"。我备感欣喜。

可是后来，借用2014年3月从全国"两会"上传出的"名言"来表述，那就是由于"你懂得的"原因，人民日报出版社决定不予出版。出版社的一位我所佩服的才子李辉给我写了一封感情充沛、措辞艺术的退稿信。我能够理解，我全部接受。我决不给出版社找麻烦。

我只是暗暗地感叹：学术生态啊学术生态！出版与不出版都与学术生态有关，都是学术生态的题中应有之义。不出版更说明不应当放弃对学术生态问题的研究。

二十四、谁搭台？谁唱戏？

坚持不懈讲文化

文化也是我多年的关注点。我一再阐述"文化功能"。

当有人主张只能在经济上对外开放，不能让外国文化进来时，我按照学界的呼声，尖锐地指出"带口袋来的人个个带脑袋"，提出欢迎外来文化。当有人只称颂南方的经济，不赞成南方的文化时，我提出"南来的风会北伐"。当有人以提出"文化搭台，经济唱戏"来邀功时，我认为这口号不及格，最多得33分。当有人提出"无农不稳，无工不富，无商不活"时，我提出应当加上"无文不雅"或"无文不高"。当有人忽视道德建设时，我从社会学的"社会规范"理论在国内较早地提出"德治"。当有人把"德治"的概念接过去，将它与"法治"并列时，我又不赞成这种"平行论"，提出"主次论"，"法治第一，德治第二"。写了篇《"德治"的重心在哪里？》。这个问题在后面还会专门讲。当中央提出"和谐社会"时，我立即著文，呼唤用"和谐文化"引领和谐社会。当有人用文化产业取代文化建设时，我又遵循文化人的议论提出文化是"理念的总和"。

生产力加速度，观念也要加速发展

理念，死抱着"文革理念"的人从前比现在多。从前，有人在特区听到一些新鲜口号，竟然抱头痛哭。很多人评价社会的尺度是倒立的。大的事不说，单讲一个名人的故事。大家知道，"文革"后中国还与苏联对峙。上世纪80年代初，中央请一批大专家敞开思想讨论苏联问题。有人认为在北京保不住密，便到上海警备区的一个招待所里讨论。主持人两位，为主的是经济学家,为次的是苏联问题专家,是位女士。正在热烈讨论时北京来电,对主持人说:"明天××日报将发表文章,批评你'计划经济和市场经济相结合'的错误观点。"潜台词的意思是,应以计划经济为主。这位主要主持人立即主动地请"次主持"主持讨论,他不再主持。因为,按"文革"上纲上线的逻辑:今天是"错误",明天是"谬论",后天就是……他是过来人,聪明。他想:何必再继续风光这两天呢?——这件小事说明:批评者与被批评者都有"文革脑袋"。

在20世纪80年代那时候,很多人认为再不转变理念是不行的。这感染了我,启发了我。我于1985年写多篇文章讲观念变革。1986年又写了《为观念的短命而欢呼》。为什么这样讲?谁都知道,意识是存在的反映,意识也能在一定程度上保护存在,巩固存在。大家看得很清楚,人类从"木器时代"到"铜器时代"经历上百万年。可是,近几百年来,作为生产力主要组成部分的生产工具在加速度发展。生产工具的加速度发展必然带来经济基础,即"存在"的加速度发展。存在加速度发展了,观念作为存在的反映又怎能不加速度发展呢?

即使做不到"和谐"也得提倡"和谐文化"

在这里,我还想着重复叙述一下我在好多篇文章中提到的"和谐文化"。"和谐文化"同"观念变革"一样,都不是我最早提出的。"和谐文化"是《光明日报》邀我到北京参加了一次"和谐文化研讨会",激发了我研究"和谐文化"。

与"和谐文化"对立的是"斗争哲学"。我吃尽了"斗争哲学"的苦头,看尽了"斗争哲学"的拙劣表演。都说毛泽东提倡"斗争哲学",殊不知毛泽东也说过"斗争哲学"是资产阶级说我们的,以后不要说了。不过,话又说回来,在阶级斗争尖锐的时候,在阶级敌人要把你这个阶级置于死地的时候,"斗争哲学"是必要的。现在被一些人认为是"自由世界"的法国,他们天天唱的国歌就充满着浓浓的火药味。可是在两大对立阶级基本消失以后,在阶级、阶层之间不再存在"你死我活"的条件下,再搞"斗争哲学"就是多此一举了。特别是,所搞的斗争不是哲学意义的矛盾斗争,而是搞非人道的残酷斗争,无情打击,那就是大破坏了。"斗争哲学"就转化为"破坏哲学"了,转化为"稀巴烂哲学"了,转化为"毁灭哲学"了。

在"斗争哲学"弥漫的"文革"中,有数不清的儿女上台斗父母,有数不清的父母用大字报揭发儿子,还有数不清的恩爱夫妻互斗的,还有对救过自己的恩人踹上一脚的。小人物这么斗就罢了,大人物也是这么斗的。包括"文革"后为其写传记歌颂的,作者当年也批斗过传记中的主人公,包括后来出书歌颂的在"文革"中坚决不斗人的领导干部,说他坚决不斗张三、不斗李四肯定是事实,可他开足马力坚决斗王二麻子也同样是事实,无非是书作者故意"为尊者讳"罢了。更不堪入目的,两位都是我们一直在崇敬的人。他们在"文革"中都不择手段地你斗过来,他斗过去。更严重的是"文革"后,"你清洗我的人,我清洗你的人"。还有更可怕的是,这斗,正在代际传递,同是什么"红二代"为了替老一辈出口气,直到21世纪还在明争暗斗着。一位洋作家在"文革"前一百年,写道:"在高压下讲的话不能算数。"这话是用血当墨写出来的。如果不信这句话,还有"甄别",还有"平反"吗?这话无疑说出了一个真理。可是,还有另一方面的真理:"在高压下讲的话"是任何人抹杀不了的历史事实。我厌恶"斗争哲学",我不赞成"斗争哲学"。因此,我起劲地写和谐文化。

我不是侧重讲"文化学概论"。我的重心是在如何繁荣文化的"如何"二字上多泼些墨。我大部分讲的是亚文化。文化发展到今天,敢于公开否认文化重要性的人不多。问题在于如何发展。亚文化是文化的根基,根深才能叶茂。作为草根的我主张从亚文化入手,以"亚"促上。亚文化发展了,整体文化就容易上去了。

图1：1986年岁末参加《社会学报》迎新茶话会（后排左起第三人为邓伟志）
图2：1998年4月在中央党校学习

图1：上海市委常委、统战部部长杨晓渡（右二），统战部副部长吴捷（左二）等看望邓伟志（中）与夫人（左一）
图2：奚文渊画邓伟志像
图3：亲兄弟

图1：21世纪初与上海市社会科学院研究员袁恩祯及华东师大教授赵修义在江西婺源
图2：贺大学时的老师、经济学家张仲礼(中)八十五周岁华诞,左为瞿世镜

图1：接受华东局老部长、理论家夏征农的教诲
图2：向华东局老书记韩哲一请教

图1：向思想家于光远请教
图2：与陆学艺（右一）、郑杭生（右二）向社会学家雷洁琼（右三）请教

1	2
3	

图1：1998年8月，听潘扬冤案中的扬帆讲故事
图2：德国莱比锡，卡尔·马克思《资本论》第一版在此印刷
图3：在安徽泾县新四军纪念馆见舅父纵翰民在四师任旅长，忆往事而落泪

二十五、享誉毁誉发生在同一天

老报人马达表扬《社会报》

1986年12月30日这一天是我终身难忘的。具体地说，1986年12月30日下午是我一生中悲喜交集、悲大于喜的一个下午。这一天的下午，由我任常务副主编的《社会报》被迫休刊整顿；也是这一天的下午，上海市委宣传部各系统，评出了"上海市文化新闻人物"，我是其中之一。

1984年上海市社会学学会决定办一张《社会报》。由会长曹漫之当主编，我任常务副主编。市委宣传部要求先试刊几期。对试刊市委宣传部正副部长都表示满意，同意正式打报告。报告由我送去的，宣传部几分钟就批了下来。接着去市委组织部要编制。好在宣传部、组织部都在一幢楼，又是没用几分钟组织部就批下来了。现在都说办报难，办事难，可那时候怎么一点都不难。现在都说要送礼，我不到半小时盖了两个图章，没送一分钱的礼，连想也没想过要送礼这回事。因为没经费，虽有编制名额，实际上一个编制也没有用过。编辑全是从《文汇报》理论部借来的，用今天的话来说就是靠《文汇报》的"志愿者"。他们的热情很高。要说有编制，那就是我们社会学会是社联"内学会"，社联给配一名学术秘书。于是学术秘书蓝成东就兼任《社会报》办公室主任，里里外外就靠他跑东跑西。

办了两期以后，《文汇报》总编辑马达便把《社会报》批给《文汇报》理论部学习，称赞《社会报》敢于反映社情民意，文风也生动活泼，等等。此时马总编还不知道《社会报》就是他部下的《文汇报》理论部几位同仁办的。马达是老报人，从抗日战争到上世纪80年代他先后担任过好多报纸总编。再说得具体一点，我等都受过他的教育和指导。看到他的表扬，我们格外兴奋。既然他表扬了，我们也敢于向他汇报。本来考虑请文汇报编辑办《社会报》，是过渡性的，是试试看的。有了马达"自家人表扬自家人"的情节，我们便有胆量对马达明说《社会报》是他的部下办的，同时也准备坚持下去，长期聘请文汇报兼职。马达听了我和《文汇报》理论部的汇报也很感慨，会心地一笑，说："小报框框少，是你们一大优势。"

左边的嘴角向下拉，右边的嘴角向上提

好景不长。到1986年冬，《社会报》接连出了几件事，搞得我们晕头转向。

我们在某省有位特约记者，他本来是军队的笔杆子，转业后在铁路系统工作。我们聘他，除了看他德才兼备外，还有一条，他坐火车采访可以享受免费待遇。在经费短缺的情况下不考虑这一点，怎么行呢！

他在某省听说，一位学者在北方一所名牌大学任教时，因为著文提倡"政治问题可以讨论"，受到留党察看处分，并被赶到南方一所名牌大学。可是，1986年6月，万里委员长说："政治问题是可以讨论的。"恰好这学者到了南方一所名牌大学以后，表现很好，在察看期未满时，居然被评为优秀党员。又听说，当地的省委书记很开明，在知道这位教师的情况后，对学校说："以后我们要为他（指那学者）解决问题。"于是我们的那位特约记者便写了篇专访。其中还提到了省委书记说过的那句话。发表后，报纸寄给了省委书记一份。也许是小报的信息传递比较慢的缘故吧！几个月后，北方那所开除那学者的名牌大学方才知道我们这篇报道，向上告了我们。市委宣传部领导也批评了我们，提醒我们注意。想不到那位省委书记看了北方那所名牌大学告我们的信息和领导批示以后，怕连累自己，矢口否认他没有说过为那学者"解决问题"的话。不知是这位书记还是更高层次的人紧接着就讲"《社会报》是造谣报"。这样，市委宣传部领导就对我们批评得很严厉了。

祸不单行。也许有人认为单是"政治问题可以讨论"打不死《社会报》，又把我们发表过北京一位经济学家讲的"大公有私"，说成是"自由化言论"；把我们发表过的可以与《红旗》文章商榷的观点，也说成是"自由化言论"。

"三箭齐发"，市委宣传部正副部长便于1986年12月30日来社会报社，叫我们把《社会报》停掉，改名办个《社会学报》，并明确讲以后少谈政治，专讲学术。还有领导针对我坚持报纸要有监督功能的观点，针对我所讲的"不能'小骂大帮忙'，我们就来个小小骂，帮大大忙"的说法，充满友情地对我个别交底：批评是要的，但不要批评县团级以上。批县团级以下的，人家不服，我们可以帮你们顶；你们批县团级以上的，人家不服，我们没法帮你们顶。看得出市委宣传部是爱护《社会报》的，但是他们也不能不听上面的。

《社会报》被迫停刊我是很伤心的。就在这天下午讨论停刊后如何料理后事的时候，市社联秘书长乔林来了，坐在我旁边，对我说："你被评为'上海市文化新闻人物'，投票通过了。你代表我们理论界，唯一的。"我听了有点摸不着头脑，可也能猜出三分。乔林下午本该来参加《社会报》停刊会的，只因楼上有事，说好迟到一会。我不知道他是在楼上评上海市文化新闻人物，我更不知道我是候选人。听他说了以后，我想如果是明天评选，我一定评不上去。今天评选，投票的人还不知道我《社会报》已经砸锅。我低声对老乔说，《社会报》停刊了，改名《社会学报》。他颇为震惊，便马上注意听市委宣传部长的"总结性讲话"。

悲喜交集。我事后向别人讲这天下午的故事时，说："我这天下午的自画像是：左边的嘴角向下拉，悲；右边的嘴角向上提，喜。"

我是"一粒老鼠屎，搞坏了一锅汤"。与我一起评上"文化新闻人物"的，还有文学界的巴金、电影界的谢晋等，这是31日《解放》、《文汇》两报都发过的消息。如承认他们是"文化新闻人物"，唯独不承认我，那不符合实际。如果继续把我与巴金、谢晋等并称为"文化新闻人物"，那就等于否认了他们的反自由化，于是在《上海文化年鉴》中，用其他名目把他们写了进去，这样，撇开我邓伟志，邓伟志就无话可说了。

天有不测风云

30日会后，我们新年也不放假，加班加点改版面，通宵达旦审阅、校改《社会学报》上的文章，力求增强学术性，削弱政治性。经过夜以继日地奋战，终于把《社会学报》送到读者手中，我们这才长长地"嘘"了一口气。接着我又布置办第二期。

咳！天有不测风云。我又接到通知，北京一家级别很高的内参又把我们告上了，指责改版后的《社会学报》"换汤不换药"，"新瓶装旧酒"。与此同时《红旗》批评《社会报》宣扬"大公有私"的文章也出来了。会上，市委宣传部明确讲对《社会报》"停刊整顿"。市社联秘书长郭加复表示不赞成。在我当面顶领导时，领导做了个"向上指"的手势，意思是"停刊整顿"的决定来自上面。再过一会，市委宣传部领导明确讲：不是宣传部，是市委决定《社会报》停刊。再过一会，又示意市委决定的"停刊整顿"也是来自比市委更高的上面。他们还婉转地讲了一句，叫我不要外传。市委宣传部领导还说：看样子，上面是对着"我"来的。这"我"一是指部长他本人，二是指我邓伟志。

我一听就明白了。可我决不肯表态"同意停刊整顿处理"。我不同意，当然是于事无补的，毫无用处的。如果我表示了"同意"，那我以后就不便就此发表不同意见了。我一气之下去了广东，保留一个将来说话的机会。我把苦头留给了办公室主任蓝成东，让他去康平路接受批评，但是叫他把全部责任都推到我身上，既不推给老同志，更不要把《文汇报》扯进去。蓝成东是一位有见地的人。他告诉我，他在康平路从大领导那里所听到的，大多是不上路、没水平的"指示"。比如大领导讲："小报怎么可以批评中央刊物？怎么敢碰《红旗》？"——蓝成东若干年后又对我说："《红旗》为什么不能碰？没人碰，后来换牌子干什么？枪打出头鸟，我们当年批评《红旗》是对的。《红旗》早一点接受批评,后来就不会换牌子。"

《社会报》"关门"后,我做了两件事,一是调查那位把"造谣"帽子套在《社会报》头上的省委书记到底有没有说过那句开明的话。调查结果:第一,有人亲耳听书记说过那句话。第二,书记说后,学校出了简报。简报上的,还不只是那一句,白纸黑字有书记更多开明的话。因此,我向上反映。省委书记"赖账"。他说我们"胡说八道",我说那书记后来背弃前言的说法是"胡说'九'道"。我的申辩函上点出了省名和书记的名字。后来社联领导说,不要点名。我点出了省名,改称"省委主要负责人"。——听说他最近身体不好,我今天既不点人名,也不点省名。抱歉了!

再,我埋头写了篇长文《商品经济与道德的层次性》,紧赶慢赶发表在《理论探讨》1987年第1期上。我说,在公与私的问题上,"至少应分为三个层次。大公无私,舍己为人,为第一层次;先公后私,先人后己,为第二层次;公私兼顾,推己及人,为第三层次。"接着,又在文章里说:"第一层次是道德规范的方向、灯塔。可惜只能在少数先进分子中变为光辉的现实。""第二层次应当是有觉悟的社会主义劳动者的道德规范。""第三层次同我们常唱的高调相比,显然是低调,但它是同我们社会发展的阶段相适应的。"文章的最后一句是:"'大公有私'是社会主义初级阶段的经济基础的重要特征之一。"这就是我对《红旗》批评所作的反批评。

多少年以后

《社会报》停刊后,我耿耿于怀。虽不能讲是"逢人就说",但是,说我在很多场合下讲过停刊的过程和内幕,并不过分。

事情是变的。多少年后,我在上海市社会学学会会长、中共上海市委常委石祝山面前讲《社会报》的事。他也倾听了同行们的看法,认为我们言之有理,便主动同一位市委副书记讲起邓伟志不服气的事。这位副书记并不认为我讲的不对。但是,停刊是市委决定的,不能轻易改动。石祝山对我说：×××（市委副书记）想在康平路跟你聊聊天，但是，请你不用提《社会报》，他个人也不便改变过去市委的决定。我说："那去有什么意思？"石说："有意思，我陪你去就是了！"这位市委副书记海阔天空地跟我与老石聊了两个小时，讲党史、讲大别山、讲上海解放、讲浦东开发，讲着讲着他引出了一句很有分量的话："市里也会有失误，也有没多方听意见就做决定的事情……"他说得抽象，我领会得具体。他泛指，我认为实有所指。我点了点头。

事情是变的。多少年后，我与《红旗》写那篇批判"大公有私"论的领导一起开会。彼此一起吃饭，一起议论国家大事，不提往事，不计前嫌。他也抽象地说了一句："过去对你不了解，相见恨晚……"我把他的话往好处想，颇为安慰。此时《红旗》已改名《求是》，他本人也已离开《红旗》杂志。成为朋友后，他主动带我看了林彪故居毛家湾，临别他要送给我书，随便我挑选。我有韩信的脾气，"多多益善"。不一会，我挑了三十多部我所喜欢的党史方面的书。他见我拿不动了，便让他的司机送我回驻地。

是嘛！我们"本是同根生"！即使枝枝叶叶有点碰撞，还是"同根生"，永远的"同根生"！

二十六、得了奖而不上台领奖的《邓伟志信箱》

1986年上海人民广播电台在理论学习节目中，打算办个以理论工作者个人名字命名的"信箱"，听众提问，学者回答。我事后知道，当初电台考虑了旗鼓相当的两位候选人：一位普通话极好，一位普通话不好。电台考虑，如果请那位普通话极好的，可以说同播音员一模一样，而那位普通话不好的，一问一答能区别于播音员。这普通话不好的、能区别于播音员的没想到就是我。我以劣势取胜。他们把人选定下来以后通知我，我便开始办《邓伟志信箱》。

《邓伟志信箱》开办于1986年4月，止于1987年1月下旬。由上海人民广播电台《学习节目》主办，具体由方庆华、仲富兰、凌云指导。台里由钟望阳、李德铭领导。第一次与听众见面的题目是《发展商品经济必然会带来社会风气下降吗？》，于1986年4月23日播出。《邓伟志信箱》是新中国媒体中第一个用真名实姓命名的节目。每周录音一次，在990千赫每周播四次。每次11分钟到12分钟。

为了减少记忆上的失误，提高口述的准确性，我刚才上网查阅了上海人民广播电台的历史介绍，他们是这样写的：

> 《邓伟志信箱》。1986年4月23日起，由《学习节目》开辟，每星期播送一期。《邓伟志信箱》采取主持人谈心形式，由上海市社联委员、上海市科协委员邓伟志直接回答广大听众，尤其是青年人所关心的社会、伦理、思维方式、生活方式、思想修养、人际关系、新兴学科以及其他普遍感兴趣的问题。由于邓伟志以主持人身份对

一些新旧价值观念和社会道德观念的冲撞点同听众进行交谈，议题来自听众的反馈，又在双向渠道中进行交流，因此，一般都能切中时弊，言之有物，能引起听众的共鸣，每天都收到听众来信，颇有社会影响。以社会知名人士的名字来命名并主持一个专栏节目，这在上海广播史上，还找不出先例。《人民日报（海外版）》、香港报刊、《光明日报》都曾介绍过《邓伟志信箱》这个栏目。

电台讲"每天都收到听众来信"。这来信内容是广泛的，其中有不少来信不是要求我们播出的，而是要你为他排忧解难的。

给自杀者通话

有一天，收到一封奇怪的来信，他说他有苦闷，不便在信里说是什么苦闷，也不愿意告诉我他的真名实姓和联系方式，他希望我能在什么时间等在电台的电话旁边，他会打电话给我。我按他的要求准时等在电话机旁。他果然打来了。

我一听，原来是位女性。她哭着说，她活不下去了。因为她第一次偷人家的东西，就被人发觉了，她感到羞耻。父母也埋怨她。这还不算，周围有人过去丢失东西，他们现在算在她头上，也认为是她偷的。她说真的不是她偷的，可她有口难辩。她委屈，她伤心，真想自杀。问我用什么方式自杀会少痛苦。我跟她说了三点：第一，不管用什么方式自杀都是痛苦的。专门研究自杀的书上讲，凡自杀不成而被救活的人，一般都不会再有第二次自杀，因为他们吃足了第一次自杀的苦头。自杀一定是痛苦万分的。我再进一步向她介绍，书上讲，还有些人开始决心自杀，但自杀一半时，就痛苦得不想自杀了，但是已无法解脱了。我劝她千万不要自杀。自杀了，父母更会觉得丢脸，周围的人更加不原谅你。第二，我劝她重新做人。她不相信她以后会受人尊重。我举莎士比亚的例子给她听。她知道莎士比亚，也崇敬莎士比亚，但她不知道莎士比亚偷过人家东西。我一五一十地讲莎士比亚干过的坏事和后来的成就。古人讲"有错毋惮改",改了就好。彻底改,还可以成莎士比亚。说到这里,她停止了哭泣,好像还有点笑声。第三,我问她:"你常外出吗?"她说:"不外出。"接着又说:"我常去外婆家。"她问我:"问'外出'是什么意思?"我说:你可以想一想:你周围的人丢东西的时候,你是不是去了外婆家。如果他们丢东西的时间,与你根本不搭界。这样,你就可以说清楚不是你偷的了。最后,她答应"再想一想"。

那时候,没录音电话,也没有识别对方电话号码的电话机。她也一直没跟我联系。她有没有自杀我不知道。不料,二十多年后,我在原上海郊区的一个县里做报告,她来听了。我一点也不晓得。听报告后的第二天,她居然打电话对我表示感谢。她先说她在某年某月某日几点钟同我通过电话,我莫名其妙。她又讲我曾在电话里跟她讲莎士比亚的故事。我这老糊涂,仍然想不起来怎么回事。这逼得她不得不说了两个字"自杀"。我恍然大悟。可是,她马上挂断了电话。

给遇到难题的人出点子

在办《邓伟志信箱》期间,还收到过一封信,是嘉定一所中学的男生写来的。他信上写的大意是,他忽然发现他未来的姐夫同他母亲有染,他该怎么办?他说他是既不敢批评母亲,也不敢跟父亲讲。他如果告诉姐姐,姐姐马上会闹得天翻地覆。他叫我收到信以后,按他说的时间打电话给他。他会在公用电话边上等我电话。

我在电话里问他:"你姐姐的这位恋人其他方面你看怎么样?"他说"还好"。

我建议他:"下次你未来的姐夫再来时,你写一张字条'要自重',放在他能看到的地方。就写这三个字,不多写。这三个字,基本上是中性的,是批评,但批评得并不重。如果万一被别人看到也不会有太大影响。随后,你再继续观察你姐姐的这位恋人的表现,再决定下一步……"

后来,这个中学生再也没有跟我联系,没有了下文。

夏征农是不是下令关掉？

正当《邓伟志信箱》办得红火时，电台有一女性工作人员，对负责我这个节目的领导说，她丈夫去夏征农那里，谈起《邓伟志信箱》。夏征农说，《信箱》有自由化倾向。夏征农当时是市委副书记，主管文教。他这样评价是一言九鼎的。下一步是办还是不办？负责我这个节目的领导有点为难。不办，据他们所知社会反响还不错；办，夏书记从政治上说得很明确："自由化。"于是，电台派一位我的好友仲富兰，非正式地向我透露，同时也听一听我的想法。

我一听，全了然了。一、夏征农是我老领导。我有毛病，他会当面给我指正，甚至可以说得很严厉也没关系。我坚信，夏老绝不会"不教而诛"。我有这点把握。更何况，前不久见他时，他还当面表扬了《信箱》。二、我知道，我与这位女性工作人员的丈夫在对一个杂志的评价上有过一点分歧。她丈夫认为那杂志办得不好，他想接管。我不知道他想接管。我坚持说那杂志办得不错。我本以为这是小事一桩。奇怪？他怎么可以事后在《信箱》上报这一箭之仇呢？

我对电台来的朋友婉转地说了第一点，没说第二点。我讲，我马上打电话给夏老，不讲那女性工作人员怎么讲，只正面请教，听夏老对最近一段《信箱》的看法。电话两人一块听。夏老在电话里没讲半句批评的话，还鼓励我把《信箱》出书。

有惊无险，事情就这样过去了。

得了奖而不上台领奖

一波刚平，一波又起。1986年底、1987年初，更大的浪潮又起来了。由我任常务副主编的《社会报》被责令停刊了，由投票产生的、我被评为"十大文化新闻人物"之一的消息，在《解放日报》、《文汇报》上发布后就销声匿迹了，电视台的录像也不放了。在这种政治气候中，作为电台的理论学习节目，不紧跟形势是不允许的，是不可能的；而要紧跟，我没有这个愿望和心思。我断言：我的这般处境和思想状态，不管是穿跑鞋还是脱了鞋赤脚跟着跑也赶不上。不得已，我主动向电台提出《邓伟志信箱》不要办下去了。如果因为我而连累电台、影响朋友，那就更让我揪心了。电台朋友告诉我，《邓伟志信箱》已在两天前评上奖了，不好改了。我说，那就尽量淡化吧！能淡到什么程度就淡到什么程度。

后来，他们的做法是：邓伟志不参加发奖大会，奖品由电台送到邓伟志家里。我佩服电台的政治智慧，在当时那般气氛中能这样处理就是难能可贵的了，就是最佳方案了。

最后一次《邓伟志信箱》的处理也是很妙的。我们反复商量了一个方案，那就是：由我选一个不痛不痒的问题，写了篇题为《如何学习社会学》的稿子，但是，不再是同往常的做法一样，不是由我自己到电台去讲了，而是由播音员代读，算是"逐步降温"吧！代读的日期是1987年1月21日。

说来好笑，就在停办一个月以后，我因为反对"耳朵认字"而得罪的"耳朵认字"倡导者贺崇寅先生，便在《上海出版》杂志上发表文章，指出媒体是姓"公"的，用一个人的真名实姓作为节目名称这本身就是自由化，点名批评了电台的《邓伟志信箱》。我读后，一方面为自己给电台惹了麻烦而不安、心痛，另一方面也想：不必与他们争一时之是非，向前看吧！让历史来回答吧！哈哈……

在上海人民广播电台的《邓伟志信箱》停办后，我先后在《武汉青年报》、在《方法》杂志上办了《邓伟志信箱》。当了好几年的"邓箱长"。

二十七、"人和"引发了不和

与记者李文祺并肩走了一百多米

在1996年3月13日下午举行的全国政协八届四次会议的闭幕式上,李瑞环在闭幕词中大讲"和为贵"。他说:"和睦的人际关系是实现大联合的重要条件。我们的祖先历来重视'和',崇尚'人和',主张'和为贵'。和谐、和气、祥和、谦和等话语,在城市、农村里,在公众舆论、私人往来中,都能时常听到。和以处众、和衷共济、政通人和、内和外顺等词句,在生活、工作中,在讲话、文章里,仍然经常使用。'和为贵'的观念世代相传,潜移默化,已经渗透到社会生活的许多方面。今天,我国的社会历史条件发生了根本性变化,人们的奋斗目标是共同的,根本利益是一致的,应当使这一传统美德更加发扬光大,人们之间应当相互尊重、相互理解、相互关心,形成和发展平等、友爱、团结、互助的新型人际关系。当然,讲'和为贵'不是不分是非、不要原则。对违反国家法律、损害人民利益、制造民族分裂、破坏祖国统一的各种行为,我们必须坚决反对。"李瑞环的讲话多次迎来了经久不息的掌声。

讲完以后,宣布散会。在走出人民大会堂的路上,遇到了《解放日报》驻京记者李文祺。他要我谈谈出席闭幕式的感想。说实在的,我对李瑞环所讲的"人和",深有感触。我一直认为,我们有些人才之所以不"出彩"是因为少了点"人和";我一直认为,我们有些自己人之所以转化成对立面,是因为少了点"人和";我一直认为,我们国家的反右、"文革"等政治运动,是践踏"人和",是人为的制造"人不和"。所以,从走出会场,穿过几十米的休息室,再走下台阶奔向大客车,大约与记者李文祺肩并肩走了一百多米，始终同李文祺说的是"人和"。为了告别"八亿人口，不斗行吗"的名言，我在纸上写明：《十二亿人，不"和"行吗？》。并建议李记者题目用《十二亿人，不"和"行吗？》

第二天（3月14日）一早登机时，在机舱里遇见陈铁迪、王生洪。他俩同我打招呼时，夸奖了在《解放日报》上发表的我同记者的谈话。王生洪还专门强调了两个字"人和"。我知道，他俩看的是早报。我这时还没看到《解放日报》，不知道李文祺是如何整理的。

这边表扬，那边批评

回上海后，杂事缠身，没能来得及找来报纸看看。不料，马上从一个领导机构里传出：在几十家报纸的吹风会上，领导批评了这篇采访。这时，我才把报纸找来，左看右看，没看出什么大毛病。我反倒认为领导上如此否定"人和"，倒是值得注意的倾向。他们是领导，领导偏离航道1度，下面就是偏离百里，找不到目的地。他们如此轻率地否定"人和"，老实说是"斗争哲学"的残余，会给社会带来不良影响。从大局考虑，我准备写信批评一下领导。

但是，在"领导无错"论泛滥的今天，我知道即使领导内心里认为他自己错了，他也不会公开认错，只会把我的信往抽屉里一扔了之。这是不利于领导改正错误的。我决定不写信。我把《解放日报》上的那三百来字的文章复印出来，然后在这三百来字的小文章周围，用小字密密麻麻写出我的看法，再用传真传给领导。大家知道，领导是不会亲自接收传真的。我发传真是有意让我的意见能多一位读者。多一位读者就是多一位评委，多一分公正。果然，我传去以后，石沉大海，没有回音。至于领导会不会报复，这一点我对上边还是信得过的，似乎还不至于如此。

不和又转化为《浅说》

再过几天，我又听到传闻，说北京也有人批评李瑞环在闭幕词里讲

"人和"的观点。"风起于青萍之末"。这"末"在哪里？是不是指的上海的我？我无法知道。传言的具体内容不详。一种说法是："海峡两岸局势这么紧张，你讲'和'是什么意思？"还有一种说法是："你这么讲'和'，还有原则吗？"还有一种说法是："是因为有人吃醋。"哪一种说法可信？我倒认为"吃醋"的可能性大。因为闭幕词里讲得很明确："讲'和为贵'不是不分是非、不要原则。"也许批评者没留意闭幕词下面这句话。古人云：吹毛求疵。不把人家讲原则的文字当"毛"吹掉，是求不出那个"疵"来的。

不管这个传言靠谱与否，我换个角度想，如果上海暗批我的领导是听了北京的传言才批的，那我应当理解上海，谅解上海。不过，我对北京领导的行为更加担心了，沿着不喜欢"和"的思路走下去，未来会怎样？"兼顾公平论"已经搞得因不公平而不和了，再不从理念上多讲"和"，岂不是要加剧矛盾和冲突吗？

所好的是，不久中央提出了"和谐社会"的系统思想。我兴奋异常，奋笔疾书，写出了几十篇文章，并出版了《和谐社会浅说》一书，其中有一篇转载在《新华文摘》上的，被一位中央政治局常委看见了，叮嘱中央、国务院、政协几个研究室的同志听我讲了一次，并让我到政协大会发言。因为我乡音太重，我从不申请大会口头发言。领导吩咐了，我只好登台献丑。

大约是1962年，听华东局宣传部副部长俞铭璜讲过一句话，他说，他的文章是被人批判出来的。他说，别人批评他，他来个反批评，这就是文章；别人再批评，他再来个反批评，又是文章。这对我们当时不知文海有多深的青年来讲，好像是注射预防针。"人和"引出了不和，不和又转化为《浅说》。口述到这里，我思念起俞部长来！

二十八、提出"德治"后的拔高

建议把1994年建设成为"立德年"

我是从事社会学教学与研究的。在社会学视野中,要把一个社会治理好,必须是多角度、多手段的。首要的是"以法治国"。除此以外,还有道德手段、纪律手段、宗教教规、乡规民约等等,都是治理社会不可缺少的手段。单打一不行,必须"十八般武艺"都用上。

1994年初我在广东调查时,了解到一些道德滑坡的情况,提出"德治"(载《家庭》1995年4月号《家庭调查》)。在1994年3月举行的全国"两会"上,我在接受电视采访时,提出要把1994年建设成为"立德年"。后来,又从民进、民革的委员那里听到呼唤道德的声音,还参加了《团结报》召开的道德建设座谈会,于是就提笔写了《立法年,立德年》(《团结报》1994年3月15日)。我说:"道德是个动态的范畴。""市场经济刚刚在中国推行,与之相应的道德体系要在道德年里立框架,要在21世纪日臻完善。"回上海后,道德二字一直沉淀在我的脑海里,经过深思熟虑写了篇题为《提倡"德治"》,发表在《团结报》1994年6月1日。文章中写道:"从事'法治'之人也要有德"。"少了德,'法治'会等于零,'人治'会成为负数"。

说来滑稽,前面讲了很多因为撰写文章而受批评的故事,唯有《提倡"德治"》一文,是没受批评的文章,不仅没挨批,反而是受表扬的文章。这也说明,领导没有因人废言。可是,由于领导把"德治"拔得太高,我倒要批评起领导了。

顺便说一下,很遗憾,《提倡"德治"》这篇文章,没有收进《邓伟志全集》,是准备口述时才发现的。这完全是我的疏忽。好在《邓伟志文集》第三卷里有这篇文章。

"德治"的过犹不及

意想不到的是，2001年1月，领导同志在一次会上指出："我们在建设有中国特色社会主义，发展社会主义市场经济的过程中，要坚持不懈地加强社会主义法制建设，依法治国，同时也要坚持不懈地加强社会主义道德建设，以德治国。"几个月以后，在2001年6月的一次会议上，领导同志明确使用了"德治"概念："法治以其权威性和强制手段规范社会成员的行为。德治以其说服力和劝导力提高社会成员的思想认识和道德觉悟。道德规范与法律规范应该相互结合，统一发挥作用。"紧接着有人做出这样的评价，随着我国社会主义现代化建设实践的不断发展，随着理论探索和思考的不断深入，形成并做出了"以德治国"的重大战略决策。

领导能够重视并吸收学人的观点，我是很高兴的。可是，把"德治"拔得那么高，我却有点担心。"结合论"就是平行论。法治与德治是不能平行的。治国应坚持法治第一。过犹不及，如果不明确"法治第一"这一点，难免会削弱"法治"的作用。话再说回来，在我前面提到的我的两篇文章中，在强调"德治"时，也没想到后来会出现"结合论"。我的文章也没有突出"法治第一"，同样是有缺陷的。这验证了古人的一句话："其始必丑。"

一次不大不小的争论

有次开会通过一个决议。决议草案中有一句"坚持以法治国与以德治国相结合"。表决时，有三位专家出身的表决者举手发言，不赞成"相结合"的提法。眼看一边倒时，有两位曾任过国务院部长的表决者连忙出来维护，举手发言，赞成"相结合"的提法。这时，一位朋友，他了解我这个"德治"最早的提出者并不赞成"结合论"的观点，示意我发言。我刚举手，主席台上一位大领导也同时立起来讲话。他说："大家知道，这话是有出处的。既然大家有不同意见，我建议把这一句话分为两句话来表述：坚持以法治国……，坚持以德治国……"下面立即爆发出一阵掌声。在表决时，"一致通过"，既无反对票，又无弃权票。

我佩服这位领导同志的智慧。他学历不高，水平不低。他的"两句"说，近似平行论又不是彻底的平行论，近似主次论又不是完全的主次论，这在当时那种政治气氛中，能做到这一步是难能可贵的。更令我感叹的是，那位领导同志的"两句说"是他自己思考的产物，当机立断，没有左右帮忙，没有秘书代劳。

自打那次争论后，我又马不停蹄地坚持写了几篇，有的能发表，有的不予发表。因此，有几年我是口头上讲的多，发表的少。我在"城市管理世纪论坛"上，强调以法治国，以德立市。载入《城市管理世纪论坛》2001会议学术文集。又写了《德治的重心在哪里？》，强调"德治的重心是抓好官德"。

我相信，领导既然能采纳学人讲"德治"的观点，总有一天也会吸收学人"法治第一，德治第二"的理念。二者尽管有交叉，但从根本上说，应当是：以法治理国家，以德治理社会。口述到这里，请容我再扯开来说一句：如今流行的二十四个字的核心价值观，把法治放在第八位，并且被解读为社会层面，是否合适？我以为应把置于第四位的"和谐"与置于第八位的"法治"换个位置。不知是否有当？

二十九、《不创新毋宁死》的遭遇战

主编代我受过

新世纪到来前夕,心情愉快,充满憧憬,有些理念想在21世纪到来之时表达出来。新世纪要有新面貌。对我来讲,日思夜想的、最冀希于21世纪的是:创新!于是,我提笔写了篇《不创新毋宁死》。呈送到哪里?《探索与争鸣》最合适。探索就是创新,争鸣也离不开创新。这家杂志多年来在理论创新上做了大量工作。再说,我对上海市社联办的这家刊物有深厚的感情。对《探索与争鸣》有感情,对《探索与争鸣》的前身有感情。说得再远一点,1967年我所在单位的机关食堂被人砸烂后,我这单身汉无处吃饭,位于高安路61号的上海市社联同意我在他们那里搭伙,解决了我的燃眉之急。社联是学者之家,是我的第二课堂。

发给《探索与争鸣》以后,便在2000年第1期发表了。我在《不创新毋宁死》一文中批评了一些妨碍创新的行径。我写道:"不要在做书生时是有棱角的理论闯将,而一旦功成名就或当了'官'便成了圆滑的庸人。""不要动不动把创新视为异端。""管理论的要把批评权适当下放,从垂直批评为主变成水平批评为主。下放批评权才是真正相信群众,才是群众教育群众,才是高超的领导艺术。少对学术刊物'关停并转',多对'帽子店'实施破产法。"

我一贯坚持"与人无争,与世有争"。我这些话针对的是社会现象,不是哪一个人。可是,有些领导看了不舒服,说什么"我没创新,我不是也活得好好的嘛!"还有领导在很多刊物负责人会上,责成《探索与争鸣》主编潘立明检讨。先说是"政治错误",后来德高望重的市社联副主席王邦佐教授发表了一些意见，上面才开始降温，改让老潘承认"知识不足"。

老潘是代我受过，更可贵的是老潘自始至终没对我透露过一个字，既没抱怨过上面，也没有迁怒于我。我明明知道他受委屈，想去安慰他，但怕上面有什么规矩，反而是帮倒忙，给他带来麻烦，便没能去安慰他。我只能默默地承受歉疚，吞下这莫名的苦水。因此，在这次口述时，我有意选了张与道德楷模潘立明先生的合影，注明："向《探索与争鸣》主编求教"，以解我的歉意。

年年念"创新经"

就在这不久，在挨批评前就定下的一个会议如期举行。我知道上面会派人参加，便自费买了40份2000年第1期的《探索与争鸣》，发给与会者。上面来了两位，一位处级，一位局级。处级看见会上发2000年第1期的《探索与争鸣》，向局级使了个眼色。局级表示："让伊去！"

"让伊去"就是让我去。让我去，我就年年写创新。

2001年初，我在《学术界》2001年1期上发表了《理论界如何创新》，讲："平等是学术的雨露；自由是理论的阳光。""一种理论的错误与否，不能完全听一时一地的评价，不能凭长官一句话，甚至也不能一味地以多数人之'非'为'非'。企图'一棍子打死'，或打不死，或打死后又复活的理论，多得很。大凡显赫的理论成果，往往是破土而出，破门而出的。与其'破门'，何不为其大开方便之门？"

2001年春，我在《上海滩》2001年3期上发表了《上海人应有创新精神》。讲："老调奏不出21世纪的进行曲，老话说不到21世纪的点子上。"

2003年初，我在《广东社会科学》2003年2期上发表了《实践是理论的源泉，讨论是创新的前提》，讲："百家的热烈争鸣是诞生新理论的温床。"

2004年春，我在《人民政协报》2004年3月9日头版，发表了《敏感点往往是生长点》，讲："假若'敏感'是由于有权威人士挡道，那也没有什么可怕。权威人士压制不同意见，也不过是增加了点理论难度而已。不难，还要科学家干什么？不难,岂不成了简单劳动！"

2006年2月,我索性出版了《不创新,毋宁死》一书(2006年2月上海大学出版社出版)。把挨批的文章置于卷首。发行后,我把耳朵"洗了又洗",以便于恭听新的批评,也许我"洗"得不到位,没听到一句批评。唉！此一时也,彼一时也！唉！因时而异,因人而异！放开眼界望去,这都是很正常的,小事一桩。

书出版后,我仍不罢休。2011年秋,我针对有些所谓的"解放思想"连"纸上谈兵"都够不上,只不过是纸上谈"空",便在校报《上海大学》2011年9月26日,发表了《文化创新的前提是要解放"解放思想"》,讲："文化创新的过程是痛苦的,要耐得住寂寞,担得住指责,还要抛得了荣华。"

事情过去14年了。"往事不可谏"。不是叫整理口述史,这些旧事就不一定重提了。喜出望外2014年5月5日的《解放日报》头版报道了网络创始人陈天桥的创业故事,用的大标题就是《不创新,毋宁死》。媒体怎么会也欣赏这六个字呢？"来者犹可追",要追,必须日日新啊！

三十、用社会学的显微镜观察社会

社会学理论博大精深,我写过文章的只涉及其中的十多个方面:社会结构、社会分层、社会变迁、社会资源、社会流动、社会角色、社会组织、社会矛盾、社会冲突、社会治理、社会管理、社会指标、社会政策、社会规范、社会秩序、社区、社会调查。社会学有170多个分支学科。我写过文章的只有13个分支:科学社会学、家庭社会学、妇女学、城市社会学、农村社会学、贫困社会学、教育社会学、犯罪社会学、法社会学、网络社会学、性社会学、社会学学说史、外国社会学。我说过:"我充其量进入了社会学8%的地盘,我是不合格的社会学家,我是学人。"

我还说过:学者"对专业外的问题也要有点憨气"。因为,学者对不是自己专业的问题,是可以发表意见的,但那毕竟不是自己长期从事的专业,客串时有那么点"憨气",留一点余地是必要的。那么,对自己专业内的问题呢?本专业内的问题,往往是学者深思熟虑的问题,经过反复求证以后,该否定旧理念就大胆否定旧理念,该否定旧学说就一往无前地否定旧学说,该不与他人苟同的就不与他人苟同。学术见解强调"独到"。要知道,"独到"绝不是"众到",或者说不会迅速转化为"众到"。在这个过程中,丢选票是难免的,该丢选票的就毫不姑息地丢掉选票,不该丢选票而丢选票也算不了什么。"吾爱吾师,吾尤爱真理。"不仅如此,还有吾爱吾友,吾尤爱真理的时候。学者只对真理负责,遭别人攻击就承受攻击,百折不挠,"寸土不让"。即使是遭大人物、特大人物整肃,仍不能与外国科学史上那些被烧死、烤死的学者同日而语。整肃不过是被蚂蚁咬一口而已。学者应勇于向真理低头,可是,向真理低头无不有个痛苦的过程,对别人的痛苦和固执要理解、谅解。说不定有一天飞跃发展的科学会要求自己把头低下。挨到自己低头时,要力求爽快,利落。

社会学是我从1980年起所从事的专业。根据社会学的基本理论来判断现实生活中的是非,参与理论界的争鸣,我烦恼过,惆怅过。有人说,什么级别的论文是要讲清楚"怎样",什么级别的论文是要讲清楚"为什么这样",可我坚持认为,更高层次的论文是要讲清楚"如何变革现状"。能讲清楚"现状怎样"的,未必能讲清楚"现状为什么这样";能讲清楚"为什么"的,接近于找到"变革现状"的途径和方法,可是不等于找到了"变革"的途径和方法。如果能提出"变革"的正确途径和方法的,那他一定是既搞清了"怎样",又搞清"为什么",这才是科学研究的目的。

变是绝对的。变是不变的。无病呻吟的文章不好,有病呻吟的文章也不见得好多少,能治病救人、"救世"的文章才是真正的佳作。社会学贵在"变革世界"。

只能搞"加法",不能有"减法"吗?
—— 建议采用中义的"社会概念"

中国人家喻户晓"四项建设"。回顾一下"四项建设"的来龙去脉是很有意思的。最早是上世纪80年代初,李昌在研究国外对文明的论述后,提出在中国要加强"物质文明和精神文明"。他致信党中央,得到同意后写进了中央文件,从此就成了全党、全国人民的"两个文明"建设。李昌在致信前就知道,国外有"物质文明、精神文明和制度文明"的提法,还有"物质文明、精神文明和政治文明"的提法。他从哲学角度考虑,当时取了"物质文明和精神文明"两项。十年后,中央又加进了"政治文明",变成了"三个文明"。后来,中央又进一步提出"四项建设",这就是"经济建设、政治建设、文化建设和社会建设"。如今写进核心价值观的前八个字,即国家层面的"繁荣、民主、文明、和谐"就是与"四项建设"相对应的目标,是多次中央政府工作报告的结束语。后来,又加进了"党的建设"和"生态文明建设", 愈加愈丰富, 愈加愈全面。可是, 也不妨思考一下:"党的建设"难道不是"政治建设"的一部分吗? 再思考一下,"政治建设、文化建设"不也是"社会建设"的组成部分吗? 因此, 我认为,"社会"有广义、狭义和中义三种内涵: 广义的"社会"包括经济, 狭义的"社会"就像"四项建设", 不包括政治、文化。我主张在当今中国应采用"中义", 那就是不包括经济, 但包括政治、文化。人的认识一般是沿着"简单——复杂——再简单"途径前进的。加法是进步, 减法也往往是进步。"再简单"是提高, 是概括。"两项建设"的概括, 准确而不烦琐, 醒目而不偏颇。为此, 我多次著文提倡"经济与社会同步, 物质共精神齐飞"。如《社会经济齐飞, 领导群众一心》(《现代领导》1995年1期)、《重视社会发展的经济功能》(《社会科学报》1995年2月23日)、《以社会促经济才能可持续发展》(《解放日报》2009年10月4日)。

"社会转型"往哪里转?
——建议大大方方地提"社会改革"

人, 不管谁只要走进社会学的大门几天, 就能懂得社会与经济的关系。既然要改革经济体制, 必然要求用社会体制改革来与它相配套。何况从20世纪80年代初, 中国对政治体制都提出了改革, 那么, 不论从"社会"的中义、狭义定义看, 都应该提出社会改革了。理论的功能之一就在于它是望远镜。站在理论高度提出社会改革是迎刃而解的, 是顺理成章的。既然办经济特区, 那么经济特区也应当是社会特区, 如果不是也应当另起炉灶在别处办社会特区。上世纪30年代初, 晏阳初在河北定县、梁漱溟在山东邹平搞的"乡村建设", 搞的"县政试验", 也可以从一定角度认为他们搞的是"社会特区"。今天呢? 岂不是应当加个"更"字吗?

社会需要改革。改革需要社会学, 社会学应当为改革做贡献, 还可以不客气地说, 社会学应为社会的改革提供理论指导。1985年我写了《建议办社会特区》, 刊载在《社会报》1985年10月25日。建议"在全国两千多个县中,划出千分之一作为'社会特区'"。1986年我在《社会学研究》上提出"改革是社会学发育的沃土"。后来,有人提出"社会转型",跟"社会改革"相像。我表示赞成。在一次会上,我把这观点对两位青年社会学者说了。两位青年社会学者就对一位中年社会学者讲了赞成"社会转型"的想法,结果被一位中年批了一通。原来这位中年所在的系统有人问姓"资"姓"社",说什么"现在是社会主义社会,'社会转型'莫不是转到资本主义那里去了!"其实,资本主义并不可怕,马恩著作中称资本主义"伟大"的文字很多。在进入社会主义以后,按马恩列的说法,也难免保留资本主义"母斑"。再说,我们正处于社会主义初级阶段,总要创造条件向中、高阶段转化。更可喜的是,我那位中年学长(现已为老年)很快就成了论证"社会转型"的高手。不过,我还是坚持认为采用"社会改革"更贴切。我先后写了《以社会改革的理念引领社会建设》(《学习时报》2011年1月24日)、《声声警钟呼唤社会改革》(《人民论坛》2013年4月下)。不消说,我的阐述,我的呼唤,分贝不高,无力"振聋",也难以"发聩"。

有没有弱势群体?
——建议理顺社会结构

社会要改革,首当其冲的是社会结构。社会结构是诸多社会要素之间比较持久、稳定的相互联系的方式。说得通俗一点,就是各类人群之间的位置是怎么摆的。

社会学主张橄榄形社会结构,那就是"两头小,中间大",富人、穷人少,中等收入的人居多。可是,我们曾一度把中产阶级曲解后,再去批判中产阶级。我在1995年对批判中产阶级展开批判。我写道:"中产阶级的队伍越大,社会才会越稳定。"

后来普遍承认中产阶级了,又有大人物否定弱势群众的客观存在。人群之间是有差异的,问题是在经济地位上要接近,政治地位上要平等。贫富差距大小决定社会矛盾的强度和烈度。经济差距大,必然会带来社会距离大。经济差距大，社会距离大，又必然会带来社会张力绷得很紧、社会心理扭曲。这一"紧"一"扭"，社会冲突就接踵而来。如今在一些贫富差距小的国家里，尚且有社会冲突，在贫富差距大的国家社会矛盾、社会冲突就不用说了。我对自己国家的贫富差距变大之初，觉察较迟。当我发现贫富差距变大之后，我坐不住了。我想象得出贫富差距变大之后可能出现的可怕的情景。在这时有人又公开提出把公平放在"兼顾"的位置，这简直是火上浇油。我提出"公平出效率，不公平没效率"。在有人为了维护"兼顾公平论"提出第一次分配讲效率、第二次分配讲公平时，我提出第一次分配、第二次分配都要讲公平。我还别出心裁地提出一个"第三次分配"的概念，即慈善、救济等，也要讲公平。在有人坚决否认中国有"弱势群体"时，我因为目睹了弱势群体的困境，便在文章中替"弱势群体"讲话。大报编辑见到"弱势群体"就删，无奈之下，我想起，我不是被人称为"两栖动物"吗？我想起我还是上海市科协委员。我一直讲自己是"农忙务农、农闲务工"。我何不把社科界不便发的文章，拿到科协的内参上去发。我先后写了《关于"弱势群体"》(《科技信息交流》2002年3期)、《保障"弱势群体"的生存权利》(《科技信息交流》2002年5期)。因为我是全国政协常委，我利用全国政协这一政治舞台来阐述市场与政府的分工。市场经济是竞争经济。竞争总是强者胜。因此，说穿了市场是为富人而设的。那么，政府就应当是为弱势群体而设。这才能实现"社会协调论"。如果不承认有"弱势群体"存在，又如何谈得上为弱势群体服务？在政协常委会上的发言写进了会议简报，这就是《政府应当关心穷人》(《九届全国政协常委会18次会议简报2期》，2002年6月26日)。

有个城市较早地承认弱势群体，也采取了不少关怀弱势群众的举措。他们的电视台来访问我："你认为我们对弱势群体的做法是否及时。"我回答："及时谈不到，在兄弟省市中是比较早的。"结果他们不播我的原话，改为主播说：邓伟志认为"恰如其时"。唉！

毕竟是众人拾柴火焰高。在很多人都谈论中国有"弱势群体"时，在

《社会科学报》同仁的支持下,我斗胆发表了《有没有"弱势群体"的争论可以休矣》(《社会科学报》2004年2月19日)。还具体地写了《如何对待乞丐》(《北京观察》2004年6期)。我得寸进尺,又写了《社会建设重心应放在弱势群体》(《人民论坛》2007年17期)。继而,我又展开来发挥,在我们《上海大学学报》上发表了《民生论》(2008年4期)、《论社会矛盾》(2009年4期)等长文。

宪法中怎么能没有"迁徙自由"?
——建议加大社会流动的流速、流量

今天口述社会流动问题,我分外兴奋。因为昨天(2014年7月30日)国务院印发了《关于进一步推进户籍制度改革的意见》。按照《意见》的部署,到2020年,我国要基本建立以人为本、科学高效、规范有序的新型户籍制度,并努力实现一亿左右农业转移人口和其他常住人口在城镇落户。这个"一亿"是我盼望已久的。

户口转移,从社会学角度看,叫"社会流动"。1986年我在《探索与争鸣》的一篇文章中讲过社会流动。我说:"'流水不腐'。社会流动的加快一般说是好事,是社会有活力的表现。社会流动是社会的代数学。"我针对有人欣赏、美化"城乡二元结构",写道:"承认二元是为了激发我们变革二元,不是要巩固甚至扩大二元。1991年我批评过户籍冻结凝固的现象。我说:"堵塞社会流动,必然导致盲流、横流、倒流。"

户籍冻结始于"八二宪法"。"八二宪法"在很多地方比"五四宪法"有进步,但在户籍上有退步。大家知道,很多国家都有"迁徙自由",我们国家的"五四宪法"也有"迁徙自由",但是"八二宪法"没有了。我作为视宪法为母法的社会学人,对"八二宪法"中没有"迁徙自由"的表述深表遗憾。我著文提倡"要让全体人民都要有城市居住权",都要平等地享有城市权。2011年我还主张要让在城市里打工多年的人"居者有其屋"。我还具体地说:"居者有其屋"不等于"居者购其屋",大量的应当是"居者租其屋"。我批评有些过去搞公有制的国家,如今住房私有率高达96%、98%,远远高于西方国家,是矫枉过正。

城镇化不是让大城市更大,而是要把农村变城镇。我还写过"山体宜居"一文。现在一下雨,总有泥石流下来。如果把城镇建在山上,排水系统发达,就会减少泥石流。

户籍开放仅仅是社会流动中的水平流动,接下来,要实现垂直流动。那就是让原来的农村人口在受教育、在文化、在社会地位、政治地位方面实现由下向上的流动。

"小政府"为什么小不起来?
——建议把社会组织列为治理国家的第三部门

治理国家一靠政府,二靠市场,三靠社会组织。几何学上说,三点成面,方能稳定。社会的事情应当由社会组织来开展。"把社会还给社会"恰是政治体制改革的题中应有之义。我对社会组织的评价,有句话成了一些友人的笑料。我说:社会主义是充分发挥社会组织作用的主义。朋友们笑归笑,而我则是十分郑重的。

现在西方把"社会主义"当作攻击马克思的话柄。殊不知这一概念不是马恩首先使用的,是1832年2月13日在圣西门派的《环球》杂志上由法国人最先使用的。那时马克思才十四岁。"社会主义"源于古拉丁文pocialis,原意是"同伴"、"同志"、"同盟"、"善于社交"等。"同伴"、"同志"、"同盟"、"善于社交"显然不是政党,不是专政。是什么?是松散型的群众自治组织,是社会共同体。这种共同体贴近群众、贴近生活,机制灵活、见效快。我在不少外国文献上看到,社会组织的成员有困难不找别的,专找社会组织。有些社会组织的成员把遗产,如花园洋房等等,全部捐给自己生前所在的、所喜欢的社会组织。有些国家的社会组织密如蛛网,人均参加五六个组织。社会组织不仅为百姓排忧解难,也为政府"解难排忧",成为政府的得力助手和亲密伙伴。

我们成天讲"转移政府职能"。为什么转得这么慢？原因之一是应该接受转移的社会组织少且弱。怎么会少且弱的？是政府里有那么一帮人不敢把社团当作"第三部门"，不肯为社会组织松绑。2005年7月我在《人民政协报》写道："'大社会'大不起来，'小政府'便小不起来。"(《邓伟志全集》第19卷267页)

　　说到"小政府、大社会"，我控制不住情绪，想口述一段"小政府、大社会"提出者廖逊先生的故事。20世纪80年代初的青年学者廖逊在学习了马恩著作后，提出了"小政府、大社会"的思想。刚一提出，就立即受到他所在的研究所领导的批判："你主张'小政府'就是削弱政府，就是反政府。"哪知批判后没多少日子。中共"十二大"文件写进了"小政府、大社会"。还是这位批判"小政府、大社会"的所领导，大言不惭地讲"小政府、大社会"是"我们所"率先提出来的，不做半句自我批评。

　　几十年来，尤其是近十年来，我大约就社会组织写了近十篇文章，为社会组织制造舆论，建议把找挂靠单位当"婆婆"改为"无婆婆"，建议变审批制改为登记制，建议社会组织去行政化、去营利化。如：《社会组织是政府的伙伴》(《学习时报》2004年8月1日)；《发挥社会组织的协调作用》(《人民日报》2004年11月30日)；《构建和谐社会，发挥社会组织作用》(《工会理论研究》2005年2期)；《西方非政府组织理论的研究视角分析》(《国外社会科学前沿》2006年10期)；《发展社会组织与"三点成面"》(《上海社会组织》2009年2期)；《用社会组织推动公共外交》(《民主》2011年6期)。

难道不能把自己从事的社会学界作为研究对象吗？
——建议创建社会学学

　　社会学可以说是把社会的每个角落、每种变迁都作为研究对象。试问：这社会学是不是也可以成为一门什么学科的研究对象呢？在多次参加社会学界的活动过程中，激发我开始思考这个问题。

社会学研究社会流动，我们社会学界也有社会流动难的问题。水平流动难，垂直流动更难。还有个垂直流动的途径是走大道还是走小道的，或者是走正门还是"开后门"的问题。

社会学研究社会矛盾，我们社会学尽管停顿多年，但在没有社会学界的社会学界中，也有我们学者之间的社会矛盾，既有1957年反右斗争留下的矛盾，还有十年"文革"互相揭发的矛盾。不用说，更有今天的是是非非、恩恩怨怨、大大小小的矛盾。

社会学里有一门"社会有机论"，中国社会学界也应当是个有机的整体。学过社会学的就是不一样。中国社会学界善于把"矛和盾"转化为"结合"，善于把科学性与应用性结合起来，善于把近期研究与长期研究结合起来，善于把宏观研究与微观研究结合起来，善于把引进与本土结合起来，善于把教学与科研结合起来，在理论队伍方面，善于把老中青结合起来。结合就是把种子放入土壤。随着"结合"而来的，是蒸蒸日上的学术生长点。

中国社会学界本身就是社会学的鸿篇巨制。"文章本天成"，做个有心人，把学界的面貌如实地加以反映、提炼，就是文章。1985年我写了篇《对社会学的社会学探索》，发表在《社会学研究》(1986年第3期)上。1986年初夏，我在福建社会学界的一次会议上，讲了《社会学研究中的十个关系问题》(《福建省社会学学术报告会暨学会成立大会会刊》，1986年7月)。接着，我又趁热打铁，发表了《社会学学的建设问题》(《福建论坛》1986年9月)。这可能是"社会学学"第一次在中国出现。

1995年上海大学副校长杨德广、上海大学文学院书记吴圣苓奉校长钱伟长之命，冒三十八九度高温来我家动员我去上海大学文学院社会学系任教。我深受感动，我热爱我从1980年、1981年就在兼课的复旦大学分校的社会学系(即1995年后的上海大学文学院社会学系)。到上大后，我情不自禁地一口气写了五篇《社会学学杂谈》之一、之二、之三、之四、之五，陆续发表在社会学系主办的新中国第一家社会学理论刊物《社会》上。五篇讲社会学学的文章实质上是讲一个主题：创建"上海大学社会学学派"。

后来，我去俄罗斯、美国、德国、瑞典、日本等国讲学，也大体上是从社会学学角度讲社会学学，讲中国社会学的发展及研究方向。讲后，整理成文发表在安徽的《学术界》2003年2期。

为了社会学学的成长，我建议尽量为学术研究提供宜人宜学的客观环境，不要一味地把学术政治化；建议学者尽量不要搞单兵突击，多搞"集群效应"；建议学者开门研究，广泛接触社会。我大声疾呼："锁在金笼为人鸣，不如林间自在啼。"

三十一、在议政中摸爬滚打

1986年秋,在中国大百科全书上海分社党委准备开支部大会讨论我的入党问题的三四天前,市委组织部、市委统战部通知大百科,要我加入民进。接着,市委统战部正副部长、中央统战部部长分别找我谈话,要我听党的话,加入民进。

1987年6月,在民进第六届全国代表会议上,我当选为民进中央常委。1988年底,在民进第七届全国代表大会上,由代表直选为民进中央副主席。在担任两届以后,1998年我主动提出不再担任副主席。因种种原因,未获同意。在担任满三届后,从2003年起,不再担任民进中央副主席。

加入民进后,1988年为第七届上海市政协委员,1993年为第八届全国政协委员。1998至2008年为第九、第十届全国政协常委。现为民进中央参政议政研究员、中央统战部信息员、上海市政协信息员、上海市政协之友理事、上海市文史研究馆馆员。

写中有议,议中有参

所有这些头衔的使命都是围绕参政议政的。我曾写过《淡化当官心理》,在我有了这些头衔以后,我依然淡化当官心理。因为经过"文革",我目睹了一些官场的肮脏。大家想一想:当你看到你所崇敬的领导去诬陷他的搭档的时候,你会是什么滋味?当你看到手无缚鸡之力的文人为了划清界限,居然也会把挚友往死里打,这时候你会是什么滋味?还有,今天为上司、为父母树碑立传的人,当年却是斗争上司和父母的急先锋,这说明了什么?说得雅一点,我对政治运动产生了"条件反射",说得难听一些，我可能患有"政治运动恐惧症、忧郁症"。所以我坚信学术是有生命力的，尤其是自然科学有更长的生命力。我在"文革"中，改行搞自然科学就是要远离"文革"那样的官场。但是，我对"民进中央副主席"这个非官之官，又是很认真、很谨慎的。因为，我是由代表提名、由代表直接选举出来的。对"代表直选"当时社会上议论纷纷，直到今天在共和国的选举史上还是空前而又绝后的。我不能有什么闪失，如有闪失就对不起"代表直选"这一超前之举。我必须按代表的旨意行事，不能有悖于代表，不能做对不起代表的事。在代表之间有分歧时，我只能按多数人意见办，哪怕这意见不完全合乎我的想法，我也要服从多数，当然，也要同时尊重少数。如果我有三长两短，就是在闪闪发光的"代表直选"上抹黑，就会延缓"代表直选"的到来。为了保持"代表直选"的纯洁性，我不敢有半点懈怠，坚持在议政中摸爬滚打。

　　我在每年的全国政协大会上，都送提案，交书面发言。只因我是位于苏鲁豫皖交界处的安徽人，口音四不像，不会普通话，所以我从未申请过大会发言。只是有一次，全国政协主席在《新华文摘》上看到我写的《论和谐社会》很满意。通知我个人到京，同全国政协研究室、中共中央研究室、国务院研究室三个室的干部，讲和谐社会。在不久举行的2006年的两会上，通知我在3月7日的大会上口头发言。这是我十五年来唯一的一次口头发言。发言的题目是《如何推动社会管理》。也是在这次大会上，我忽然接到通知，与作家王蒙、劳动部副部长王建伦、中科院院士沈国舫四人一起就社会文化等问题，参加全国政协的中外记者招待会，答中外记者问。我在回答记者提问时，讲了政协的三大优势：包容各界、联系广泛、人才聚集。我说："这三大优势决定了政协能够在构建和谐社会当中大显身手，发挥作用。2005年，所有党派围绕和谐社会提出的提案是170件。各个党派反映社情民意3365条，算起来平均每各党派就是400来条。如果按一年365天平均，那就是天天都在反映社情民意。全国政协十届四次大会已经收到了委员发言878篇，是历史上最多的一次。"

每年3月的全国政协的大会，分组会我一定发言，但不是每次都发言，因为一个组四十多人，要让每人都讲一讲，半天的小组会最多也只能有一半人发言。每年大会的会议简报有关我的发言一般有两期以上。报刊上有关我的消息约有一二十、二三十条。这些，在我的《全集》中没有全部收进去。

全国政协常委会每年四次，我都有发言。大概有两次代表小组在常委会全体会上发言。小组秘书起草的稿子，我只作参考，一般不照念。

我坚持政协姓"政"

我参政无能，便在议政上多下功夫。我不太赞成"抓小放大"的参政议政。我强调参政的"勇气和智力"。2002年我写过《立论要立高论》。2006年7月我写过《建创新之言，立创新之论》。心向往之，可我自己的立论并不高。2009年不再进政协时，我曾作过一番回顾，写了篇《尽了点理论责任》(载《群言》2009年10期)。文中讲了我在政治文明、政治资源、阶层结构、社会发展、社会组织、统战方法等七个方面所做的工作。今天再重复一下我所关注的几点。

一是坚持在"政"字上做文章。中国的改革是全面的，是相互联系的。尽管各项事业中都有政治，但是政治自有其政治的内涵。况且，政治改革在中国是最为迫切的。20世纪90年代有些地方对政治体制改革讳莫如深。我为之担忧。我"咬住青山不放松"，千方百计讲政治。有人不让讲，我就用邓小平讲政治体制改革的言论作挡箭牌。我仿前人躲在恩格斯后面放枪的做法，躲在邓小平后面"放枪"。1992年写了《迫切需要政治体制改革的配套》。1996年我写了《要讲政治文明》、《政协委员讲政治，尤为必要》。1997年写了《积极推进政治体制改革》、《民主党派与精神文明建设》。1998年写了《最佳政治选择》。1999年写了《廉政建设与政治体制改革》。2000年写了《从严治政得民心顺民意》。2002年写了《加强对政治文明的研究》。2003年写了《建设'电子政府'之我见》。直到2012年2

月,我还写了《政协要议政》,批评"不要言不及'政'"。

二是坚持在"监督"上做文章。我认为腐败严重来自监督不力。再好的人离开监督必然腐败。第一年离开监督也许不大会腐败,第三年离开监督一定腐败。1989年我写了《监督十二条》,1992年写了《关于反对官僚主义问题》,1994写了《反腐倡廉四部曲》,1995年写了《监督也是参政》,1996年写了《民主监督应当是全方位全天候的》,1999年写了《还要说监督》,2004年写了《为民主监督提供方便》,2005年写了《没有监督便没有民主》。

三是坚持在"民主"方面做文章。我认为"党管干部"是必要的。但是,"民管干部"也是不可缺少的。民完全有权管干部的工作作风和思想作风。2003年写了《"民"字在全国"两会"上是大写的》,2004年写了《关于推进中国网络民主的建议》,《电子政府与网络民主》,2006年写了《德、赛两先生在我们中间》,2008年写了《民主是民主党派的生命线》,2010年写了《党内民主与社会民主共振的八点建议》。

四是在参政议政规范化、有序化上做文章。我1989年写过《廉政十法》,《监督十二条》,2005年写过《统战工作方法三十条》。1994年2月写了《学会处理人民内部的十个关系》,作为提交3月2日举行的全国政协二次会议的书面发言。后来发表在《社会》第4期。这可能是前些年讲人民内部矛盾的比较早的几篇。《廉政十法》、《监督十二条》两文均为几十家报刊转载。

会上花絮朵朵

在全国两会的五千名代表委员中,我是最不起眼的一个,可是,我又是最喜欢用肉眼观察大会的一个。从社会学的角度讲,我是用观察法进入会场的。"参与"无能,观察有方。观察就是学习,观察也是研究,观察中还有乐趣。这里罗列几件事。

一、1993年八届全国政协选常委。我的朋友、江西社科院副院长担任监票员。大家知道,监票员是要先投票的。委员是按姓氏笔画排座位的。我一沾父亲的光,姓"邓";二沾简化字的光,只有4划,便荣幸地坐在台下第二排,能比较清楚地看到监票员投票。当时有位常委候选人国人对他很反感,我也对他没好感。我从选票上找到他的名字,把他名字后面的反对栏的方框涂黑。在监票员投票时,我发现我那位监票员的朋友在选票那个方位也有个黑方框。虽然看不清具体姓名,但是我猜想不会是别人。散会后,我对监票员朋友说:"你怎么不投我们敬爱的××的票?"他说:"我就是不投!"然后说:"你怎么知道的?"我说:"人同此心,我也不投。"然后我说了是怎么猜到了,彼此开怀大笑。

二、2001年7月1日在人民大会堂听江泽民在庆祝中国共产党成立80周年的讲话。在快要讲到"私营企业家入党"时,我没有留心。忽见坐在我前面的老年妇女用右手指着江泽民的报告稿,用左手臂碰了一下坐在她左边的人,然后双手做一个准备鼓掌的动作,示意要他快鼓掌。这引起了我的注意,连忙看下面的文字。哪知讲到这里时,会场没爆发掌声,她和她的邻座也就没有鼓掌。这时,坐在我右边的专心听报告的女代表急忙跟我说话了:"这么大的事情,党内没有讨论过,怎么就在大会上宣布?"我跟这位女代表并不太熟,只有点头之交。接着她又说:"我得赶快给老头子打电话,要他有个思想准备,免得他突然听到后气昏过去。"我听她这么一说,兴趣来了。我问她:"你先生是哪一位?"女代表说:"我是说我老爸。我老爸最反对这种观点……"我再问她:"令尊大人本来在哪里工作?"她讲出以后,我晓得了。我人头不熟,问她:"坐在咱前边的老年妇女是何许人?"她说了我才晓得。老年妇女是一位副委员长的太太。啊呀!前后两排的反差怎么这么大啊!

三、记不清是哪一年了,大概是1993或1994年,全国政协开了个语音信箱电话,目的是便捷委员反映意见的。不想写就不写,在语言信箱里说了,会有人整理上报。开通前,给每个委员发个通知,告诉我们开通的时间、方式。我记得是某一天的夜间零时开通。没想到就在即将开通的那天上午，全国政协提案组给我打电话，说："你关于对耳朵认字开展试验，澄清伪科学制造的混乱的提案，我们不准备列为提案。"我能理解提案委员会的苦衷：政协个别常委、个别副主席就是支持耳朵认字宣传的带头人。现在提案委也正是为了顾及他们的面子，才不把我的提案列为提案的。不列提案，我心里不服。于是，我就在当天夜间的零时，拨通了我的"语言信箱"，大谈耳朵认字的欺骗性和危害性。我是说给提案委和那副主席听的。哪知，第二天见报了。透明度真高！发表时还把我称为"第一个使用语音信箱的委员"。

四、最后再讲一个花絮，那就是李瑞环的告别演说。2002年底，也是九届政协最后一次常委会。会议各项议程走完以后，会议应该结束了。很多人准备拎包走了。李瑞环主席突然讲话。他说他作为（中共中央）常委还不到退的年龄，但他下届不做了。接着，讲了他的出身、他当建工突击队、他在天津市委、他进党校，他管宣传，再讲到当政协主席。没有稿子，没有套话，感人肺腑，催人泪下。上面说了，很多人准备拎包走了。我呢，有记录的癖好，从他第一句话起，就开始速记。记到我座位上的几页纸用完了，我就把左边委员的纸一把抓来记。把左边委员的纸记完了，我连招呼都不打，把右边委员的纸一把抓来。一会儿又快把右边委员的纸用完了，坐在我后边的委员主动把他的纸递了过来。我连个"谢"字都不说，抓来就记。散会后，"左邻右舍"的委员说，以后整理给我们寄一份。我答应了。不久，根据委员的要求，印发了。可是，很多精彩的话，在印发的文件中不见了。比如他如何把母亲叫他买油条包饺子过年的钱，买了书，挨了打。比如中央叫他管宣传时，他读了谁的书，比如什么人冒充他妹夫，到西安行骗，他如何用计抓骗子，等等，文件里都没有。今天讲花絮，限于篇幅，也无法细说。

五、最后之后再来一个"最后"，议一下我在议政中的成功与失败。先说成功，有次讨论国务院政府工作报告，在一项什么举措上，我忘了。总理讲的是"逐步推进"。我说：快有逐步，慢也有逐步。建议把"逐步"改为"积极"。《政协信息》送上去以后,第二天凌晨4时,我起来从房门外放文件的筐中,把《政府报告》拿过来一看,改为"积极"了。我特别兴奋,就没再入睡。失败的事也很多:比如"协商民主"在中国是成功的。但是在运用"协商民主"时,不可忽略"选举民主"或称"表决民主"。"协商民主"与"表决民主"是互补的。再从学理上说,"表决民主"应当高于"协商民主"。由于我表达能力很差,这观点不易被人接受,我就用周恩来早在1949年就响亮地提出:协商产生的代表开的会,称"代表会议";选举产生的代表会议,称"代表大会"。孰大孰小?听总理的。

三十二、在评先进中学先进

二十九年来，我大约做过数十次评委，评论文、评职称都是份内事，不必说。份外，我还做过一二十次评委：最多的是大学生辩论赛的评委，其中包括军事院校的大学生辩论赛，以及公检法司辩论赛的评委。还做过知识竞赛评委、作文大赛评委，做过好几届上海市十佳青年的评委，做过第一届东方大律师的评委、做过几届平安卫士评委。2011年世博会后，做过世博会平安英雄的评委。此外，还被赶着鸭子上架，做过歌咏、舞蹈、戏剧小品演出的评委。评委占用了我不少大好光阴。

在挨批时充当第一次全国大学生辩论赛评委

大概是1986年底吧！中共武汉市委宣传部和武汉团市委共同举办了一次"全国大学生辩论赛"，邀请央视赵忠祥、寿女士，北京画家范曾、武汉大学教授和我为评委。这时，由我任常务副主编的《社会报》已经在内部挨批。我的抵触情绪和委屈情绪很大。应邀是在挨批之前的事，临时变动对不起武汉，我只好硬着头皮当评委。

参赛的高校有北大、南开、华东师大、武大等单位。开幕式在武汉的一所军事院校的大礼堂里举行，由中共武汉市委宣传部王部长主持。年轻的王部长在介绍评委时，先从总体上说了些好话。在逐一介绍时，讲到赵忠祥，王部长说："赵忠祥的知名度同几位评委一样名气很大，可是知面度位居几位评委之首。刚才我们从马路对面来会场时，有位美女专门等候在门口，见了赵忠祥就说'我爱你……'"全场上千人都愣住了，鸦雀无声，大概在想：怎么会有这么开放的女性？"我爱你"这话在今天"粉丝"遍地的情况下,已不稀奇,可当时是上世纪80年代,"粉丝"一词尚未普及,对第一次见面的人就讲"我爱你"是罕有的。再说,我当时是与赵忠祥肩并肩走进会场的,我听得很清楚,那美女在"我爱你……"三个字后面还有话哩!王部长怎么不说呢?正当纳闷时,王部长在顿了顿之后继续说:"……的声音",逗得整个礼堂笑声入云。什么是演讲艺术?这就是演讲艺术。王部长既没有歪曲事实,又超出了事实的生动性。我很佩服。辩手们也很羡慕王部长的口才。后来打听方知王部长是大学中文系的高材生。他喜欢戏曲,毕业后当了几年相声演员,再转为从政。后来知道,王部长已英年早逝。可惜啊!

第一场比赛结果竟是北大失利。这出乎我们评委所料,更出乎北大领队所料,他们提出马上回京。其实,第一场失利不等于不能拿到名次。比赛还在继续过程中。可是,北大领队拿不下这个架子,要回京,他们倒也没有指责评委不公,这还是好的。后来,评委叫我对北大队做工作,我因自身情绪欠佳,"己不正焉能正人",便委托范曾代表评委个别地跟领队讲明他们为什么不如对方的具体道理。北大领队领会了。他们顾全大局不走了,我们评委也一块石头落了地。北大有潜力,但是掉以轻心不行,不充分准备不行,以老大自居更不行。这对各行各业的老大都适用。

后来,我又在上海,在空军、在公检法辩论赛中当评委。由于正方、反方是由抓阄决定的。你内心赞成反方观点,但是你抓了正方的观点,你也只好为正方辩护,而且还要辩得头头是道。这很不容易!久了,我从中悟出一点,或者说验证了一条过去所学的哲理,那就是"一分为二"。凡真理都是相对的,只是在相对中有点儿绝对,无不是随着时间、地点、条件的变化而变化的。有些观点外壳荒唐,内核有理;有些观点内核荒唐,外壳有理。有些观点三分错误,七分正确;有些观点七分错误,三分正确。由此,我又引申出一点不知有多少合理成分的想法:天下没有无可挑剔、挑逗的高见。任何站在正确一边的人都应当容许、欢迎别人挑剔、挑逗。挑剔、挑逗看起来是作对,也许对方真的是存心作对,那这"作对"也是互补,是共振，有助于正确认识的深化，促使正确认识日臻完善，更加正确，至少可以减少片面性，防止走直线。相声如果没有挑、没有逗，也就没人看，没人听。交响乐之所以高雅是因为乐器种类多，数量多，不单调。"百花齐放，百家争鸣"不仅是发展文艺的正确方针，而且也是社会文明的生动体现。说"好"，就绝对好，完好无缺；说"坏"，就绝对坏，一无是处。这都是走极端，都会引发"翻烧饼"。一会儿好上天，一会儿打入地，都不健康。

"东方大律师"候选人突然被"拘留"

第一届东方大律师评选我担任评委会主任。对这项评选我很感兴趣，原因是中国恢复律师制度不久，特别是恢复私人律师事务所更没有多少年。记得在上个世纪80年代的一次上海市社联常委会上，华东政法学院副院长曹漫之发言，他大声疾呼应当办私人律师事务所，举座皆惊。坐在我旁边的我的老领导，出于对我的爱护，让我少犯错误，低声对我说："说别人自由化是站不住脚的，说曹漫之自由化是真的。你在他手下工作，要注意！"我听了大为诧异，鉴于他是长者，又是真心实意地关心我，我心里明明不同意他的看法，也没有反驳这位好长者。他不知道，曹漫之的这个观点，同我讲起过。他当时是上海市社会学会会长，我是秘书长。我同意他的看法，绝非因为曹是我的上级，而是认为他讲得在理。律师如果都是官办的，万一"官办之官"成了被告，他这律师怎么实现公平呢？"拿人家的手短，吃人家的嘴软。"手里拿的，嘴里吃的，都是官方的，那样，"民告官"的官司还能打赢吗？在评东方大律师时，私人的、合伙的律师事务所已有很多家。我很想利用当评委的机会看个究竟，做点比较研究。

再一点，大律师评选的组委会很上路。我乐于配合。律协所有的会长、副会长风格高尚，主动让贤，都不提为候选人。如果会长们参与，"东方大律师"由会长们包了，至多有个别律师陪衬，也不太好看。

评选东方大律师先是网选，从网选中取80名。再从80名当中初选出20名。把这20名向社会公布。听取意见后，再请这20名向评委陈述8分钟。最后由评委无记名投票，选出10名。

又是出乎意料的是，一位在20名当中名列第13位的女律师突然在外地被拘留。大家知道，评委有评委的眼光，名列第13位的完全可能再投票时进入前10名。在这种情况下，要不要再把这位名列第13位的女律师列为投票的候选。这就要组委会和我们评委会讨论决定了。我们向上海的有关人士作了些了解。他们说："她是冤枉的。"可是，投票在即，我们一时无法向外地调查。外地掌握了她什么材料，我们不知道。如果仅凭我们在上海的了解，她应当继续当候选人；如果尊重外地的做法，她就不能列入候选人。我这评委主任大伤脑筋。我最后下决心：不列入候选人。如果选上了，到公布的时候，大家一看，东方大律师当中有个人犯或者是有个犯人，岂不是连其他的东方大律师也冲掉了。

结果，在我们公布评选出10名东方大律师之后，那女律师解除了拘留。这时，我们才确切知道，外地之所以拘留她，就是怕这位在法庭辩论中不利于他们的律师，反而评上了响当当、硬梆梆的"东方大律师"，让他们丢脸。

可是，此时最感丢脸的是我：我为什么如此循规蹈矩？我在恶势力面前怎么如此手软呢？对恶势力软，不就是对优秀人物硬吗！对这件事，我每每想起，都引为憾事。

在评先进中学先进

参加评先进活动有时比进学习班收效要大。学习班多是抽象教育，评先进是接受一个接一个的案例教学。即使没有评上的人，在他们身上也有可歌可泣的生动感人的事迹。人，只要有人性，在听到、看到他们的故事后，都会设身处地地想一想：假如是我，我能做得像他那样吗？在给先进人物打分时，也会将心比心地给自己打分。每次评选过后，我心里都是热乎乎的。比如有些"小巷总理"，不辞劳苦地走街串巷，挨家挨户地访问，经常看望孤老，问寒问暖。有时居民讲刺耳的话，"小巷总理"也能耐心地听下去，苦口婆心地进行解释、劝说。假如是我，我能做到吗？还有交通警察，平常人们对他们的意见较多，在评选中知道，他们是平均寿命不太长的群体。他们经常不分寒暑、顶风冒雨不说，他们吸收汽车废气的量为我们常人的好几倍。我们看到汽车排废气可以躲开，交通警察不是，他们要迎着废气而上。交通警察见我们闯红灯，跑来招手要咱们停车，咱们会老老实实停车接罚单。可是，也有人见警察招手，他们不但不停车，反而会加大油门，用汽车或摩托车撞击警察，把交警一拖就是几十米。这种"风险职业"我们会选择吗？行行出状元。充当各行各业的评委，对于理解各行各业，热爱平凡岗位，大为有益。"台上三分钟，台下十年功。"他们的优胜个个都来之不易。

评委也有棘手的一面，有些参赛者比优胜者差不了多少，受名额限制，我们也硬是要把他们拉下来。我实在于心不忍，有时会扪心自问：我这评委还不如人家，却要剔除人家，该作何解释呢？考虑再三：只有加倍向那些没有评上的人学习，才能补偿自己的"残忍"。既要向胜者学习，也要向"败者"学习，拜的老师越多，越有助于我这评委活到老，学到老，把不同于自己专业的刻苦精神用到自己的专业上去。

不过，我这个人学到老也没学好，当我接受别人评论时，从来没有过众口一词，大多是七嘴八舌，各执一词，这便是"邓争议"应得的下场。哈哈……

图1：在冰岛与火山地貌"合影"
图2：与妻子在肖邦故居

图1：上海市妇联送来"永远的留念"
图2：重返上海康平路5号楼1967年结婚处
图3：手扶化石

图1：在奥地利阿尔卑斯山峰上
图2：不忘二战。在波兰奥斯维辛集中营，纳粹只许犹太人睡在连翻身都困难的小小方格里
图3：文人腰板要赛鲸鱼

1	2
3	

图1：到波茨坦公告签署地找到钓鱼岛属于中国的历史依据
图2：在波德交界的马克思像前

图1：终点也是起点。立于0公里上。这里是欧洲大陆的最西南角
图2：书香不怕巷子窄
图3：盘根问底
图4：独木能成林,独到才是学

附录一：邓伟志学术年表

1938年

11月10日（农历九月十九）生于江苏萧县（现为安徽萧县）。

1956年

盲目报考不收高中生的外交学院，未取，被分配到上海财经学院。

秋冬，参加市作协、市总工会、团市委联合举办的"青年文学知识讲座"。

1957年

初，参加教育部长杨秀峰在上海财经学院的座谈。夏秋，担任校学生广播台长，签发播送过不少反右的来稿。但仍被批评为有右倾思想。

1958年

5月3日代表学校，参加上海市青年建设社会主义积极分子大会。6月上旬在上海宝山罗店乡夏收夏种，办上财《丰收报》。暑假参加即将由华政、上财、复旦大学法律系以及中科院在上海的研究所合并成的上海社科院在大场营房办的军事夏令营，在大队部办《军事夏令营》油印报。秋，参加上海市教育大革命展览会上海社科院展馆的编辑工作。11月在嘉定参加秋收秋种，办上海社科院《丰收报》。

1960年

初，根据工贸系书记顾理要求，撰写教育革命经验总结。毕业于上海社科院经济系。自1960年3月30日至1962年6月在上海社科院学习室（后改名为"研究室"）任研究实习员。3月至9月参与编写供内部参阅的《毛泽东同志在解放战争时期的著作》，翻阅延安《解放日报》、重庆《新华日报》数遍。5月13日参加市社联在南昌路科学会堂召开的批判李平心"唯生产力论"的会议。6月毕业论文经上海社科院副院长庞季云推荐，发表在《学术月刊》第6期。9月中下旬比社会上提前十来天学习《毛选》四卷（绝密件），为有关同志撰写学习四卷的体会文章搜集资料。年底，响应"大兴调查研究之风"，到宝山县蕰溪公社参加反"五风"（共产风、浮夸风、强迫命令风、瞎指挥风、一平二调风）。

1961年

2月3日，在《解放日报》发表《学会解剖"麻雀"》。春，多次听取姚耐、庞季云、漆琪生、蒋学模、雍文远等讨论政治经济学教材的编写。2月28日随华东局农委刘瑞龙到江苏省常熟县白茆公社为中央的"三南"、"三北"会议、为"六十条"的制定搞调查。夏秋，先后听王亚南、周予同、郭绍虞、陆灏、萧林、蒋文杰等名家的学术报告。

1962年

上半年，遵照庞季云吩咐，在哲学家冯契指导下，写了几篇哲学小品，如《界限篇》、《论"活"》、《"不变"说》等。6月调到中共中央华东局政研室，分在学习组，具体任务是学习《列宁全集》。

1963年

8月到浙江省萧山县长山公社参加社教。

1964年

8月到上海市宝山县杨行公社城西二大队参加"四清"（"小四清"）。

10月到上海市奉贤县胡桥公社孙桥大队参加"四清"("大四清")。依领导吩咐对评工计分、干群思想动态、农民住房、农民医疗等问题进行调查,写出报告。夏,因对领导人的太仓经验提意见,受挫。11月政研室撤销,调到华东《农村青年》编辑组。

1966年

"五一六"通知下达后继续办刊。6月,到江苏邗江县方巷公社采访张爱萍在"四清"中组织的儿童团。被聘为名誉社员。7月,到江苏太仓县沙溪公社采访活学活用毛主席著作积极分子、半瘫残疾女青年沈玉英。9月,到安徽岳西采访。11月,到镇江采访救火牺牲的郭嘉宏烈士的妹妹和同事。11月,到山东6011部队因抢救在江西落水的红卫兵而牺牲的英雄李文忠的家乡采访。年底机关分两派,未参加任何一派。

1967年初,到浙江杭州郊区采访一位老劳模。回来后,因继续办刊的做法被批判为"抓生产,压革命",《农村青年》停刊。

1968年

8月初,为逃避砸上柴联司的"八四行动",以曾被《农村青年》派到市革会大批判组参加编写《农村文化大革命宣传资料》为借口,与冯德印一起去大批判组撰写《资料》中的"大联合"一章。9月底、10月初离开大批判组回机关。12月25日作为第一批下到位于东海之滨、接近南汇县彭镇公社的中共中央华东局机关五七干校,编在由宣传口组成的二连四班。

1969年

7月底,被干校派到《解放日报》撰写歌颂五七干校的文章。

1970年

7月底被干校派到《解放日报》搞经济大批判。从此到百余家"两技"

（技术革新、技术革命）、"四新"（新技术、新材料、新工艺、新产品）方面比较先进的工厂企业边劳动，边调查。写了纺织、电子等方面的大块文章。

1971年

4月回干校，又被通知到设在上海《文汇报》的自然科学组报到。自1971年至1976年，先后请教过复旦、师大（当时华师大、上师大合并）、中科院的著名专家苏步青、卢鹤绂、谈家桢、张香桐、冯德培、王应睐、汪猷、蒋锡夔、李珩、袁运开、张瑞琨、金祖孟等。在上海两次听杨振宁学术报告。根据自然科学组分工，开始组织力量编写《天体起源》和《人类起源》两书。在天文台听过美籍华人数学家林家翘的学术报告。

1972年

遵照毛泽东指示，按自然科学组分工，组织复旦（主要是原同济人马）德语教师翻译海克尔的《宇宙之谜》，并在集体讨论基础上，执笔写了前言。

1973年

与朱新轩、金祖孟、徐天芬、何妙福集体写出《天体的来龙去脉》。在新创刊的《自然辩证法杂志》上连载，并由上海人民出版社于1974年3月出版。云南人民出版社在作者和刊物毫不知情的情况下，根据连载也同时出版了《天体的来龙去脉》。

1975至1976年，与徐永庆、朱长超合写了《人类的继往开来》一书。从1975年起，开始在《自然辩证法》上连载，接着由上海人民出版社于1976年9月出版。

1976年

4月下旬至6月中旬，离沪赴桂、黔、滇。4月下旬，先到广西柳州，住壮族人家，上巨猿洞，去笔架山，看十万年前的"柳江人"。5月初到贵州，看黔西南猿人洞，调查布依人。5月中旬到云南，先向北，去元谋县看170万年前的"元谋猿人"遗址；再向南，去文山、蒙自、金平，根据作家王公浦的指点，骑马到金平的"65新寨"、"66新寨"，调查苦聪人。中途于5月16日至19日在禄丰县，参观中科院发掘禄丰龙。年底至1977年5月，被中央工作组派到北京《红旗》杂志社，写批判"四人帮"的文章。文章5月4日《红旗》刊出，新华社发稿。

1977年

年底至1978年夏在北京，参与《自然辩证法通讯》复刊的筹备工作。

1978年

3月在北京参加全国科学大会的采访。4月，被《自然辩证法通讯》派到三门峡调查黄河治理问题。6月初，在北京友谊宾馆科学会堂听于光远、李昌、吴江讲真理标准讨论。6月26日配合真理标准讨论，在《解放日报》发表《越鸿沟记》，强调"科学无禁区，征途无鸿沟"。7月，到庐山参加全国第四纪冰川研讨会和全国针灸研讨会。会后为配合真理标准讨论，写出《初识庐山真面目》；到江苏就湖泊研究采访。秋，参与撰写批判"四人帮"的文章。11月底正式从中共中央华东局机关调到中国大百科全书出版社上海分社。

1979年

初，随姜椿芳、陈虞孙冒着大雪到南京大学，听姜同南京各方学者讲大百科。4月，在苏州东山雕花楼参加讨论《中国大百科全书·天文学》卷的框架、条目、样稿会议。年初，为即将创刊的《百科知识》组稿。随刘尊棋看望诗人陆晶清。听《在德国女牢中》的作者胡兰畦讲史实，陪同胡兰畦看望陆晶清。8月在北京车公庄2号北京市委党校，在姜椿芳、阎明复领导下，参加《中国大百科全书·天文学》卷的通稿、改稿、定稿。8月在车公庄2号期间，应《自然》杂志一编辑之邀，到车公庄新华印刷厂职工宿舍观看王强、王斌姐妹的耳朵、腋下认字表演。

1980年

7月底，应上海科技出版社之邀，赴吉林长白山调查盛传的天池怪兽。延边朝鲜族自治州报社主编讲，没有怪兽，是照相底版坏了才怪的。8月，《科学入口处》（合写）由江苏科学技术出版社出版。被评为局级先进工作者。

1981年

先在《中国百科年鉴》自然科学组，后到社会科学组任组长、编委。2月在复旦大学分校社会学系开设家庭社会学课程。8至9月，在国家科委副主任于光远带领下到甘肃十多个县市考察，讨论甘肃发展战略。10月参加在北京召开的全国自然辩证法研究会成立大会。冬，在于光远领导下编写《人体特异功能调查研究资料》。

1982年

5月，参加在武汉举行的中国社会学研究会易名为中国社会学会的会议，并参加雷洁琼召集的五城市家庭调查的策划会。11月26日在《解放日报》发表《妇女问题杂议》，为中国学界第一次提出"妇女学"。

1983年

1月，《家庭问题种种》由天津人民出版社出版。9月21日至12月7日，在《解放日报》连载《家庭学断想》。12月，在于光远带领下赴云南十多个县市考察，讨论云南发展战略。1983年至1987年担任第二届上海市社会学学会副秘书长。12月，在于光远带领下赴贵州考察，讨论贵州发展战略。

1984年

春，参加广东《家庭》杂志举办的第一届家庭研讨会，为大会起草《家庭宣言》。3月，在北京亚洲学生疗养院参加全国性的"观念变革研讨会"，讨论编写《观念变革》丛书。3月14日在《人民日报》发表《马克思主义研究中的"突被"》，引起国内外关注和议论。后来该文被收入《共和国风云四十年》一书时，作者又加了《题记》。5月，在武汉参加全国"社会改革"研讨会。5月28日，在《人民日报》发表《"影象"的印象》。9月，在全国妇联主办的《妇女工作》第9期上发表《完善和发展妇女学问题》，提出妇女学的框架。在于光远带领下，赴江西十多个县市考察，讨论江西发展战略。12月5日至1985年2月27日，在《解放日报》连载《生活方式散议》，共12讲。1984年成立中国年鉴研究中心，任副秘书长、秘书长。参与筹办在上海举行第一次全国年鉴研讨会。

1985年

6月，在《社会科学》发表《马克思主义发展中的多样化问题》，引发讨论一年余。8月，《生活的觉醒》由上海人民出版社出版。秋，办《社会报》试刊号。

1986年

在沈阳参加辽宁社科院召开的东北亚经济社会发展研讨会。秋初参加由于光远、孙大光率领的三峡考察团。因是考察团中年龄最小者，奉命登山察看山体裂缝。在于光远带领下，赴广东考察，讨论广东发展战略。冬，应海南省筹备处许士杰、梁湘邀请，在于光远带领下，赴海南十多个县市考察，讨论海南发展战略。任《社会报》副主编。当选为上海市科协委员。参加在黑龙江举行的全国社会学年会，被选为第三届中国社会学会常务理事。春（或秋），代表上海市社会学会会长曹漫之列席在北京市工商联举行的中国社会学会常务理事会。10月主持由《中国社会科学》、《社会报》等联合主办的"改革中的社会问题"研讨会。10月在上海加入中国民主促进会。随后应邀在民进市委就改革问题作报告。12月30日，被选为上海市文化新闻人物。

1987年

1月初，由《社会报》易名的《社会学报》停刊；应武汉市委宣传部、武汉团市委之邀担任中国第一次大学生辩论赛评委。此后担任过十多次上海、全国以及各类辩论赛的评委。6月在全国民进代表会议上当选为民进中央常委。12月1日当选为民进中央副主席。1987年起担任第三届、第四届、第五届上海市社会学学会副会长。12月底由中国大百科全书调上海社科院信息所。

1988年

春，担任上海社科院社会学所研究生导师组组长。秋，在北京青年干部学院，参加全国社会学会议。同几位中年学者一起向费孝通、雷洁琼建议社会学本科不能停招。

1992年

夏，赴江西德安共青城谒胡耀邦墓。

1993年

3月，向市政协七届五次会议大会提交书面发言，题目是《关于反官僚主义问题》。5月，在上海接待赵朴初先生，并向他讨教佛学。

1996年

4月至6月，与荷兰海牙社科院交流。并随海牙社科院去比利时、法国、英国、卢森堡。在巴黎参加青年社会学研讨会。在英国参加伦敦大学亚洲学院研讨会。8月,由上海社科院调上海大学社会学任系主任。11月23日,在上海市常务副市长带领下,用半天时间向到上海访问的德国总统赫尔佐克介绍上海社会发展情况。

1997年

1月,集体编写的《变革社会中的政治稳定》一书,由上海人民出版社出版。8月参加全国政协赴青海、甘肃考察。

1998年

春,在中共中央党校学习。

1999年

6月赴黑龙江齐齐哈尔、大庆调查。应全国人大法制委员会邀请,以专家身份赴京参加《中华人民共和国婚姻法》的修订。9月28日在天安门城楼上观看国庆焰火预演。10月学电脑,办"邓伟志网页"www.dengweizhi.net。至2011年停办。10月中旬在杭州参加全国杂文研讨会。11月《伪科学批判记》由天津教育出版社出版。

2000年

1月7日写出《十大预测》。4月10日在瑞典隆德大学讲学。5月底、6月初,在长沙参加民进十届九次常委会。9月上中旬被上海大学派往香港中大、澳门大学讲学。10月中旬,在爱尔兰都柏林大学讲学。11月在杭州参加"杭州人精神"座谈会。

2001年

2月,新千年日记《思想之旅》在华东师范大学出版社出版。秋,在德国慕尼黑大学社会学系讲学。应德国社会学会副会长邀请，到达姆斯塔特技术大学讲学。在德国柏林宏堡大学社会学系讲学。

2002年

3月，在全国政协十届四次会议上就社会建设作大会口头发言。3月，与王蒙一起参加全国政协十届四次会议记者招待会，就社会建设回答国内外记者提问。7月上旬，在澳大利亚布里斯班国际会议中心参加第15届世界社会学大会，在分组会上发言。7月，《邓伟志杂文集》在文汇出版社出版。2002年至2010年担任第六届、第七届上海市社会学学会会长。

2003年

1月，在日本东京专修大学讲学。讲稿刊载在日本的《专修大学学报》。3月，《我的社会观》在人民出版社出版。12月下旬参加由中国社会科学杂志社和上海财经大学主办的货币哲学高级研讨会。

2004年

1月，《新三家村札记·邓伟志卷》由书海出版社出版；被评为上海第一届"慈善之星"称号。12月29日，应邀在全国民政工作会议上就构建和谐社会问题作了专题讲座。

2005年

9月12日，与芬兰廉政公署副署长交流廉政之道。2005年至2008年担任第六届中国社会学学会副会长。

2006年

11月上旬，到匈牙利社科院社会学研究所访问。11月，在布拉格大学社会学系交流。当年，作为专家参与上海市"十一五"规划的制定。

2007年

6月9日，在上海社科院礼堂主持校友大会，担任上海社科院校友会副会长。7月，在上海友谊会堂参加上海社科院成立五十周年庆祝会，并发言。10月，《留下长篇遗嘱的母亲》一文收在《著名作家忆母亲》一书，由上海远东出版社出版。

2008年

11月，《邓伟志文集（6卷本）》在上海人民出版社出版。

2009年

被上海市振兴中华读书指导委员会评为上海市十大书香家庭之一，为第一名。9月主编的《社会学辞典》在上海辞书出版社出版。11月1日《谈谈社会建设》一书在东方出版中心出版。12月上旬在北京人民大会堂参加《辞海》第六版出版总结大会。

2010年

春，应广东省委宣传部之邀，赴广州讨论亚运会口号。7月，参加在瑞典首都举行的第17届世界社会学大会，并在分组会上发言。8月23日参加全国女性论坛。9月，在杭州参加中国世博会第五次分论坛，作主旨发言。10月，在浙江省德清县参加浙江大学举办的社会与新农村建设论坛。10月28日至30日在广东云安参加第六届中国农村发展论坛。10月31日参加中国上海世博会高层论坛及世博会闭幕式。11月被聘为上海市文史馆馆员，并代表新馆员讲话。11月25日，在"文汇讲堂"讲农民市民化。12月，主编《大辞海·社会学卷》由上海辞书出版社出版。

2011年

继续当选为上海市科协委员。5月26日上午,参加庆祝复旦大学建校一百零六周年,纪念陈望道先生诞辰一百二十周年座谈会,并发言。9月在陕西扶风向北大考古系教授请教甲骨文。11月参加由中国当代史研究会在重庆召开的中国当代史研讨会。

2012年

年初参加由市委宣传组织编写的《解读公正、包容、诚信、责任》一书,承担其中的第二章《包容》。本年7月出书。1月28日随中央统战部上海复旦基地赴南京,与江苏省委统战部交流。春,担任"推动中国家庭文明十大致敬人物"评委会主任。6月,在广州参加"推动中国家庭文明十大致敬人物"颁奖典礼。6月9日参加上海安徽经济文化促进会,获江淮优秀儿女奖。6月26日在上海社科院分部参加先贤研讨会。7月3至4日在上海展览中心,作为上海市文代会代表参加市文联换届会。7月下旬在汕头参加由《中国社会科学》杂志社主办的社会形态理论与历史价值观高级研讨会。8月21日参加在上海举行的全国出版规范化论坛;被上海市静安区评为静安十大杰出人物之一。9月9日在柏林中德文化交流中心,参加中国驻德大使馆举办的庆祝中德建交四十周年座谈会。

2013年

4月在《解放日报》发表纪念胡耀邦的文章。8月,《邓伟志全集(22卷本)》由上海大学出版社出版。8月《上海大学学报(社会科学版)》第4期刊出《展望民主的第三境界》。12月12日《上海思想界》主办的"六老谈改革"上网,邓为六老之一。12月23日参加在上海举行的"新传播格局下新闻道德建设理论研讨会"。

2014年

1月16日由市文史研究馆和上海大学出版社共同主办的"《邓伟志全集》出版座谈会"在市文史馆菊生堂举办,副市长赵雯出席并讲话。1月参加《上海思想界》主办的"七老谈'邓小平与上海改革'座谈会"。1月,在《人民论坛学术前沿》(1月上),发表《以人为本,还是以社会为本?——一种人与社会"互本"的理论图景》。6月在《行政管理改革》第6期发表论文《社会学视野中的宗教》。

2015年

3月,所撰《改革时代的民族观》一文作为内部资料印发给上海民族工作会议。修改后,刊在北京《行政管理改革》杂志第3期。5月10日参加中国社会学调查方法委员会在复旦大学举行的研讨会。5月19日参加《探索与争鸣》创刊三十周年庆祝会。

附录二：邓伟志编著目录

邓伟志著作目录（1974~2014）

1. 《天体的来龙去脉》，上海人民出版社，1974年3月版，云南人民出版社1974年4月版，署名：余衡泰。（与朱新轩、徐天芬、金祖梦、何妙福合著，主笔）

2. 《人类的继往开来》，上海人民出版社，1976年9月版，署名：李炳文、胡波（与朱长超、徐永庆合著，主笔）

3. 《科学入口处》，江苏科学技术出版社，1980年8月版（与朱长超合著）

4. 《庐山》，科学出版社，1981年7月版（与李文范、朱长超合著）

5. 《家庭问题种种》，天津人民出版社，1983年1月版

6. 《生活的觉醒》，上海人民出版社，1985年8月版

7. 《家庭面面观》，学林出版社，1985年10月版

8. 《婚姻史趣话》，江苏人民出版社，1986年1月版（与陆营、孔智华合著）

9. 《家庭的明天》，贵州人民出版社，1986年12月版

10. 《中国家庭的演变》，上海人民出版社，1987年3月版（与张岱玉合著）

11. 《方法集》，科学普及出版社，1988年3月版（与朱长超、戚越然、戚进勤合著，写第四部分）

12. 《唐前婚姻》，上海文艺出版社，1988年8月版

13. 《学派初探》，重庆出版社，1989年6月版（与林明崖合著）

14.《我就是我》,上海三联书店,1993年7月版
15.《妇女学呐喊》,澳门出版社,1994年1月版
16.《近代中国家庭的变革》,上海人民出版社,1994年12月版
17.《妇女问题杂议》,云南科技出版社,1995年10月版
18.《市场经济的若干社会功能》,黑龙江人民出版社,1995年11月版
19.《我的家庭观》,天津教育出版社,1998年1月版
20.《人比雀儿累》,汉语大辞典出版社,1998年11月版
21.《伪科学批判记》,天津教育出版社,1999年11月版
22.《思想之旅》,华东师范大学出版社,2001年1月版
23.《家庭社会学》,中国社会科学出版社,2001年1月版(与徐榕合著)
24.《邓伟志杂文集》,文汇出版社,2002年7月版
25.《我的社会观》,人民出版社,2003年3月版
26.《新三家村札记·邓伟志卷》,书海出版社,2004年1月版
27.《和谐社会笔记》,上海三联书店,2005年3月版
28.《不创新,毋宁死》,上海大学出版社,2006年2月版
29.《家庭社会学导论》,上海大学出版社,2006年12月版(与徐新合著)
30.《和谐社会散议》,上海人民出版社,2007年8月版
31.《邓伟志文集》6卷,上海人民出版社,2008年11月版
32.《谈谈社会建设》,东方出版中心,2009年11月版
33.《邓伟志全集》(22卷),上海大学出版社2013年8月版

邓伟志主编书籍

1.《现代中国著名人物》,上海人民出版社,1987年版
2.《上海社会发展40年》,知识出版社,1991年版
3.《社会科学争鸣大系·社会学卷》,上海人民出版社,1991年8月版
4.《中国家庭文化生活大全》,上海科学普及出版社,1993年7月版
5.《现代家庭指南》,上海人民出版社,1994年12月版

6.《变革社会中的政治稳定》,上海人民出版社,1998年11月版
7.《中国学生必读文库·社会卷》,天津教育出版社,2000年1月版
8.《幸福晚年丛书》,吉林大学出版社,2000年7月版
9.《当代城市病》,中国青年出版社,2003年7月版
10.《新世纪性别教育读本》,上海教育出版社,2003年10月版
11.《献给大学生的八堂荣辱课》,上海三联书店,2006年12月版
12.《和谐文化导论》,上海大学出版社,2007年4月版
13.《和谐社会与公共政策》,同济大学出版社,2007年5月版
14.《社会学新视野》,上海社会科学院出版社,2007年10月版
15.《社会管理与社会政策》,上海人民出版社,2007年10月版
16.《创新社会管理体制》,上海社会科学院出版社,2008年4月版
17.《永远的徐迟》,上海远东出版社,2009年5月版
18.《社会学辞典》,上海辞书出版社,2009年9月版
19.《中国社区建设的实践与探索》,浙江教育出版社,2009年9月版
20.《大辞海·社会学卷》,上海辞书出版社,2010年12月版

后　　记

近一年多中，我最难忘的事情之一，就是面对面地采访邓伟志老师。

2013年7月24日，上海市文史研究馆成立口述历史研究中心，我有幸成为这个中心的一员。随后按照中心的安排，我负责采访上海大学社会学院邓伟志教授。

邓老师的名字，早在1980年代初就如雷贯耳，不过看到真人版，还是2004年我调动工作到上海大学历史系后，才有机会经常见面，特别是聆听他在大学礼堂传达北京某些重要会议的重要精神。而能够有这么多的时间面对面交谈，这还是第一次。

2014年1月5日起，我和邓老师开始正式联系，随后以上海市文史研究馆雅致幽静的小洋楼为采访地点，进行了十多次的采访，同时电邮和电话联系不断，录像带录像优盘超过50G。他那口据说很难懂的话，我听起来倒是一点不吃力，因为家父十九岁从山东到上海工作，我从小就听惯了那怪里怪气的南腔北调。

平易近人，这是我对邓老师的第一印象。记得上海大学的同事，上上下下从来不称呼邓老师众多的头衔，一口一个"邓老师"——多么亲切的称呼啊。据我看来，这个称呼有很多好处，其中最大的好处是保质期长保鲜度高。在这次采访过程中，我们尤其感受到了这点。

第二个印象是，邓老师的经历是普通老师可遇不可求的。从家学的角度看，作为新四军的红二代，邓老师根正苗红，有过那个时代最好的读书经历。从师承的角度看，邓老师大学毕业后，就在中共中央华东局工作，得到多少老革命老专家的言传身教啊。这些人的名字，熠熠生辉，早已载入中国现代史、中国当代史起码是上海当代史的大事记。随后作为当代社会学著名学者和社会活动家，邓老师成为1970年代末至今的中国当代史特别是中国当代学术史上不少重要事件的参与者和亲历者。

屏息听着博闻强记的邓老师内容丰富多彩声情并茂的回忆，阅读着邓老师有惊无险的人生故事，那些已经出版的出版物中闻所未闻估计也不可能出版的名人轶事，令人回味无穷难以忘怀。对历史研究者来说，绝对是一种人生享受。邓老师的这本口述史，在留下他自己个人历史点点滴滴的同时，必将成为研究中国当代政治史和学术史必读的参考书籍。

"你年纪轻轻，怎么知道这些事情？"在采访中，邓老师多次略带吃惊的问我。我告诉邓老师，我已年过半百不再年轻，从1981年开始学习和从事中国近现代史的研究，至今已有33年从业经历。我曾经借给邓老师一些已经出版的相关书稿进行参考，诸如上海社科院院史编写组编的《上海社科院院史（1958—2008）》（上海社科院出版社2008年版）和董德兴的《策反英杰——王亚文传奇》（上海社科院出版社2010年版）。由此我感到，口述史一定要和档案资料以及文献资料密切结合，才有可能永葆璀璨的活力。这是参加这次口述史项目的第三点印象。

在此次口述史采访中，上海大学档案馆吴静老师协力多多，《东方早报》周知秋先生和上海大学历史系吴斐同学也给予了帮助。最后我要把感谢送给上海市文史研究馆的领导和口述历史研究中心副秘书长周峥嵘女士、上海书店出版社完颜绍元先生和王璇小姐，没有他们的全力帮助，我们不可能顺利完成这项有历史意义的工作。

徐有威

2015年7月12日

图书在版编目（CIP）数据

邓伟志口述历史/邓伟志口述；徐有威撰稿. ——
上海：上海书店出版社，2015.10
（上海市文史研究馆口述历史丛书）
ISBN 978-7-5458-1064-6

Ⅰ.①邓… Ⅱ.①邓… ②徐… Ⅲ.①邓伟志—生平事迹 Ⅳ.①K825.46

中国版本图书馆CIP数据核字（2015）第131289号

责任编辑　王　璇
技术编辑　丁　多
装帧设计　郦书径

邓伟志口述历史（上海市文史研究馆口述历史丛书）
邓伟志　口述　徐有威　撰稿

出　版	上海世纪出版股份有限公司上海书店出版社
	（200001　上海福建中路193号　www.ewen.co）
发　行	上海世纪出版股份有限公司发行中心
印　刷	江阴金马印刷有限公司
开　本	640×965 mm　1/16
印　张	13.25
字　数	150 000
版　次	2015年10月第1版
印　次	2015年10月第1次印刷

ISBN 978-7-5458-1064-6/K.179
定　价　42.00元

上海市文史研究馆口述历史丛书

（精装本）

第一辑

沈　寂口述历史

童祥苓口述历史

杨小佛口述历史

邓伟志口述历史

姜义华口述历史

第二辑（即将出版）

汪观清口述历史

林丙义口述历史

丰一吟口述历史

刘耋龄口述历史

陈　绛口述历史